화엄경 제72권(입법계품 39-13) 해설

제72권에는 수호일체주야신의 현전지와 개부일체수화야신의 원행지 법문이 나온다.

선재동자가 적정음해주야신의 가르침을 받고 수호일체주야신이 있는 곳으로 나아가니 보배광명마니왕 사자좌에 앉아 온갖 몸을 나타내어 수 없는 야신들을 교육하고 있었다. 선재가 인사하자 칭찬하였다.

"모든 중생을 구호하고 모든 불국토를 깨끗하게 하기 위해서 보살들의 수행을 묻는구나. 나는 심심자재묘음해탈을 얻어 법사가 되어 어느 곳에나 걸림없이 모든 부처님들의 법장을 열어 보이고 있다. 그러니 세상을 이롭게 하고져 하는 사람은 온갖 선근을 모으되 휴식이 없어야 한다."

하고 10다라니법을 일어 주었다.

① 널리 일체법에 들어가
② 일체법을 지니고
③ 일체법을 설하며
④ 시방 모든 부처님 법을 생각하고
⑤ 일체 명호를 기억하며
⑥ 3세제불의 원해에 들어가
⑦ 모든 승(乘)에 나아가
⑧ 일체중생 업해에 들어가
⑨ 일체중생의 업력을 굴리고
⑩ 일체 지다라니(智陀羅尼)를 형성하는 것이다.

선재동자는 여기서 무변삼매에 들어가 보살의 대신통과 변재를 얻으

니 다시 개부수화주야신을 찾아 보아라 하였다.

개부수화주야신은 중보향수루각에서 백만야신들에 에워싸여 있으면서 10악중생들에게 10바라밀을 가르쳤다.

“나쁜 길 닫아 버리고 인간 천상의 길 열어 살바야 드날려 중생제도하면 부처님 뵙고 좋은 이익 얻어 갈 곳 없는 사람들에게 안락을 얻게 하리라.”

하고 옛날 옛적 보배광명아가씨 이야기를 들려주었다.

그리고 이 성안에 대원정진력으로 일체중생을 구호하는 야신이 있으니 찾아 보아라 하였다.

入法界品 第三十九之一
입법계품 제삼십구지일

十三
십삼

爾時善財童子隨順寂靜
이시선재동자수순적정

音海夜神教思惟觀察所說
음해야신교사유관찰소설

法門一一文句皆無忘失於
법문일일문구개무망실어

無量深心無量法性一切方
무량심심무량법성일체방

便神通智慧憶念思擇相續
편신통지혜억념사택상속

사경의 공덕은 십만억 부처님께 공양한 것과 같은 공덕이 있습니다.

世 세	對 대	遶 요	師 사	夜 야	詣 예	不 부
間 간	一 일	現 현	子 자	神 신	守 수	斷 단
身 신	切 체	一 일	之 지	坐 좌	護 호	其 기
現 현	衆 중	切 체	座 좌	一 일	一 일	心 심
一 일	生 생	衆 중	無 무	切 체	切 체	廣 광
切 체	身 신	生 생	數 수	寶 보	城 성	大 대
衆 중	現 현	色 색	夜 야	光 광	夜 야	證 증
生 생	不 불	相 상	神 신	明 명	神 신	入 입
身 신	染 염	身 신	所 소	摩 마	所 소	安 안
數 수	一 일	現 현	共 공	尼 니	見 견	住 주
身 신	切 체	普 보	圍 위	王 왕	彼 피	行 행

現超過一切世間身現成熟
一切衆生身現速往一切十
方身現徧攝一切十方身現
究竟如來體性身現究竟調
伏衆生身善財見已歡喜踊
躍頂禮其足遶無量匝於前
合掌而作是言聖者我已先

사경의 공덕은 십만억 부처님께 공양한 것과 같은 공덕이 있습니다.

사경의 공덕은 십만억 부처님께 공양한 것과 같은 공덕이 있습니다.

切 체	門 문	修 수	切 체	切 체	供 공	汝 여
故 고	海 해	諸 제	佛 불	劫 겁	養 양	爲 위
汝 여	故 고	行 행	種 종	救 구	一 일	嚴 엄
欲 욕	汝 여	故 고	性 성	衆 중	切 체	淨 정
普 보	欲 욕	汝 여	故 고	生 생	如 여	一 일
受 수	以 이	欲 욕	汝 여	故 고	來 래	切 체
一 일	平 평	普 보	欲 욕	汝 여	故 고	佛 불
切 체	等 등	入 입	普 보	欲 욕	汝 여	刹 찰
佛 불	心 심	一 일	入 입	守 수	欲 욕	故 고
法 법	徧 변	切 체	十 십	護 호	住 주	汝 여
輪 륜	一 일	法 법	方 방	一 일	一 일	爲 위

사경의 공덕은 십만억 부처님께 공양한 것과 같은 공덕이 있습니다.

故汝欲普隨一切衆生心之
所樂雨法雨故問諸菩薩所
修行門善男子我得菩薩甚
深自在妙音解脫爲大法師
無所罣礙善能開示諸佛法
藏故具大誓願大慈悲力令
一切衆生住菩提心故能作

一切利衆生事積集善根無
有休息故爲一切衆生調御
之師令一切衆生住薩婆若
道故爲一切世間清淨法日
普照世間令生善根故於一
切世間其心平等普令衆生
增長善法故於諸境界其心

淸(청)淨(정)除(제)滅(멸)一(일)切(체)諸(제)不(불)善(선)業(업)故(고)
誓(서)願(원)利(이)益(익)一(일)切(체)衆(중)生(생)身(신)恒(항)普(보)
現(현)一(일)切(체)國(국)土(토)故(고)示(시)現(현)一(일)切(체)本(본)
事(사)因(인)緣(연)令(령)諸(제)衆(중)生(생)安(안)住(주)善(선)行(행)
故(고)恒(항)事(사)一(일)切(체)諸(제)善(선)知(지)識(식)爲(위)令(령)
衆(중)生(생)安(안)住(주)佛(불)教(교)故(고)佛(불)子(자)我(아)以(이)
此(차)等(등)法(법)施(시)衆(중)生(생)令(령)生(생)白(백)法(법)求(구)

饒 요	善 선	道 도	一 일	力 력	那 나	一 일
益 익	男 남	之 지	切 체	常 상	羅 라	切 체
一 일	子 자	法 법	業 업	得 득	延 연	智 지
切 체	我 아	心 심	惑 혹	親 친	藏 장	其 기
衆 중	以 이	恒 항	障 장	近 근	善 선	心 심
生 생	如 여	不 불	山 산	諸 제	能 능	堅 견
集 집	是 시	捨 사	集 집	善 선	觀 관	固 고
善 선	淨 정	一 일	一 일	知 지	察 찰	猶 유
根 근	法 법	切 체	切 체	識 식	佛 불	如 여
助 조	光 광	智 지	智 지	摧 최	力 력	金 금
道 도	明 명	地 지	助 조	破 파	魔 마	剛 강

사경의 공덕은 십만억 부처님께 공양한 것과 같은 공덕이 있습니다.

知 지	國 국	知 지	無 무	得 득	爲 위	法 법
法 법	土 토	法 법	畔 반	廣 광	十 십	時 시
界 계	恭 공	界 계	見 견	大 대	所 소	作 작
無 무	敬 경	無 무	一 일	智 지	謂 위	十 십
畔 반	供 공	限 한	切 체	光 광	我 아	種 종
普 보	養 양	普 보	佛 불	明 명	知 지	觀 관
於 어	諸 제	入 입	所 소	故 고	法 법	察 찰
一 일	如 여	一 일	知 지	我 아	界 계	法 법
切 체	來 래	切 체	見 견	知 지	無 무	界 계
法 법	故 고	諸 제	故 고	法 법	量 량	何 하
界 계	我 아	佛 불	我 아	界 계	獲 획	者 자

사경의 공덕은 십만억 부처님께 공양한 것과 같은 공덕이 있습니다.

海(해)中(중)示(시)現(현)修(수)行(행)菩(보)薩(살)行(행)故(고)我(아)

知(지)法(법)界(계)無(무)斷(단)入(입)於(어)如(여)來(래)不(부)斷(단)

智(지)故(고)我(아)知(지)法(법)界(계)一(일)性(성)如(여)來(래)一(일)

音(음)一(일)切(체)衆(중)生(생)無(무)不(불)了(요)故(고)我(아)知(지)

法(법)界(계)性(성)淨(정)了(요)如(여)來(래)願(원)普(보)度(도)一(일)

切(체)諸(제)衆(중)生(생)故(고)我(아)知(지)法(법)界(계)徧(변)衆(중)

生(생)普(보)賢(현)妙(묘)行(행)悉(실)周(주)徧(변)故(고)我(아)知(지)

思 사	諸 제	界 계	善 선	智 지	嚴 엄	法 법
境 경	佛 불	集 집	男 남	善 선	故 고	界 계
界 계	廣 광	諸 제	子 자	根 근	我 아	一 일
又 우	大 대	善 선	我 아	充 충	知 지	莊 장
善 선	威 위	根 근	作 작	滿 만	法 법	嚴 엄
男 남	德 덕	辦 판	此 차	法 법	界 계	普 보
子 자	深 심	助 조	十 십	界 계	不 불	賢 현
我 아	入 입	道 도	種 종	不 불	可 가	妙 묘
如 여	如 여	法 법	觀 관	可 가	壞 괴	行 행
是 시	來 래	了 요	察 찰	壞 괴	一 일	善 선
正 정	難 난	知 지	法 법	故 고	切 체	莊 장

사경의 공덕은 십만억 부처님께 공양한 것과 같은 공덕이 있습니다.

念思惟得如來十種大威德
념사유득여래십종대위덕

陀羅尼輪何者爲十所謂普
다라니륜하자위십소위보

入一切法陀羅尼輪普持一
입일체법다라니륜보지일

切法陀羅尼輪普說一切法
체법다라니륜보설일체법

陀羅尼輪普念十方一切佛
다라니륜보념십방일체불

陀羅尼輪普說一切佛名號
다라니륜보설일체불명호

陀羅尼輪普入三世諸佛願
다라니륜보입삼세제불원

사경의 공덕은 십만억 부처님께 공양한 것과 같은 공덕이 있습니다.

海陀羅尼輪普入一切諸乘
해다라니륜보입일체제승

海陀羅尼輪普入一切衆生
해다라니륜보입일체중생

業海陀羅尼輪疾轉一切業
업해다라니륜질전일체업

陀羅尼輪疾生一切智陀羅
다라니륜질생일지다라

尼輪善男子此十陀羅尼輪
니륜선남자차십다라니륜

以十千陀羅尼輪而爲眷屬
이십천다라니륜이위권속

恒爲衆生演說妙法善男子
항위중생연설묘법선남자

我(아) 或(혹) 爲(위) 衆(중) 生(생) 說(설) 聞(문) 慧(혜) 法(법) 或(혹) 爲(위)

衆(중) 生(생) 說(설) 思(사) 慧(혜) 法(법) 或(혹) 爲(위) 衆(중) 生(생) 說(설)

修(수) 慧(혜) 法(법) 或(혹) 爲(위) 衆(중) 生(생) 說(설) 一(일) 有(유) 法(법)

或(혹) 爲(위) 衆(중) 生(생) 說(설) 一(일) 切(체) 有(유) 法(법) 或(혹) 爲(위)

說(설) 一(일) 如(여) 來(래) 名(명) 海(해) 法(법) 或(혹) 爲(위) 說(설) 一(일)

切(체) 如(여) 來(래) 名(명) 海(해) 法(법) 或(혹) 爲(위) 說(설) 一(일) 世(세)

界(계) 海(해) 法(법) 或(혹) 爲(위) 說(설) 一(일) 切(체) 世(세) 界(계) 海(해)

或 혹	或 혹	法 법	爲 위	說 설	爲 위	法 법
爲 위	爲 위	或 혹	說 설	一 일	說 설	或 혹
說 설	說 설	爲 위	一 일	如 여	一 일	爲 위
一 일	一 일	說 설	切 체	來 래	切 체	說 설
如 여	切 체	一 일	如 여	衆 중	佛 불	一 일
來 래	如 여	如 여	來 래	會 회	授 수	佛 불
修 수	來 래	來 래	衆 중	道 도	記 기	授 수
多 다	法 법	法 법	會 회	場 량	海 해	記 기
羅 라	輪 륜	輪 륜	道 도	海 해	法 법	海 해
法 법	海 해	海 해	場 량	法 법	或 혹	法 법
或 혹	法 법	法 법	海 해	或 혹	爲 위	或 혹

爲說一切如來修多羅法或
위설일체여래수다라법혹

爲說一如來集會法或爲說
위설일여래집회법혹위설

一切如來集會法或爲說一
일체여래집회법혹위설일

薩婆若心海法或爲說一切
살바야심해법혹위설일체

薩婆若心海法或爲說一乘
살바야심해법혹위설일승

出離法或爲說一切乘出離
출리법혹위설일체승출리

法善男子我以如是等不可
법선남자아이여시등불가

充 충	中 중	甚 심	住 주	無 무	入 입	說 설
滿 만	增 증	深 심	普 보	上 상	如 여	法 법
一 일	長 장	自 자	賢 현	法 법	來 래	門 문
切 체	一 일	在 재	行 행	普 보	無 무	爲 위
法 법	切 체	妙 묘	善 선	攝 섭	差 차	衆 중
界 계	諸 제	音 음	男 남	衆 중	別 별	生 생
時 시	解 해	解 해	子 자	生 생	法 법	說 설
善 선	脫 탈	脫 탈	我 아	盡 진	界 계	善 선
財 재	門 문	於 어	成 성	未 미	門 문	男 남
童 동	念 념	念 념	就 취	來 래	海 해	子 자
子 자	念 념	念 념	此 차	劫 겁	說 설	我 아

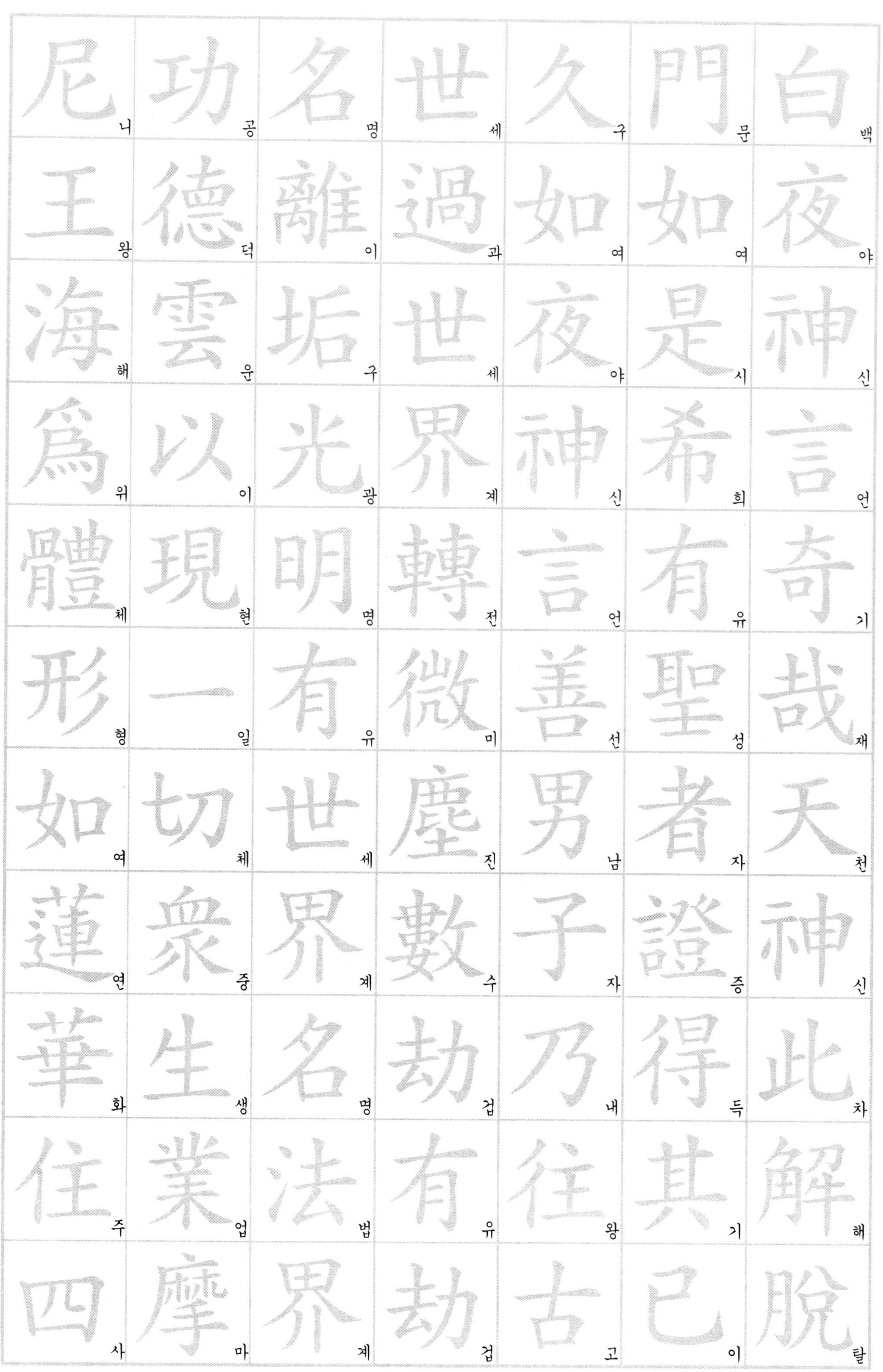

尼 니	功 공	名 명	世 세	久 구	門 문	白 백
王 왕	德 덕	離 이	過 과	如 여	如 여	夜 야
海 해	雲 운	垢 구	世 세	夜 야	是 시	神 신
爲 위	以 이	光 광	界 계	神 신	希 희	言 언
體 체	現 현	明 명	轉 전	言 언	有 유	奇 기
形 형	一 일	有 유	微 미	善 선	聖 성	哉 재
如 여	切 체	世 세	塵 진	男 남	者 자	天 천
蓮 연	衆 중	界 계	數 수	子 자	證 증	神 신
華 화	生 생	名 명	劫 겁	乃 내	得 득	此 차
住 주	業 업	法 법	有 유	往 왕	其 기	解 해
四 사	摩 마	界 계	劫 겁	古 고	已 이	脫 탈

사경의 공덕은 십만억 부처님께 공양한 것과 같은 공덕이 있습니다.

天下微塵數香摩尼須彌山
網中以出一切如來本願音
蓮華而爲莊嚴須彌山微塵
數蓮華而爲眷屬須彌山微
塵數香摩尼以爲間錯有須
彌山微塵數四天下一一四
天下有百千億那由他不可

사경의 공덕은 십만억 부처님께 공양한 것과 같은 공덕이 있습니다.

說(설)不(불)可(가)說(설)城(성)善(선)男(남)子(자)彼(피)世(세)界(계)

中(중)有(유)四(사)天(천)下(하)名(명)爲(위)妙(묘)幢(당)中(중)有(유)

王(왕)都(도)名(명)普(보)寶(보)華(화)光(광)去(거)此(차)不(불)遠(원)

有(유)菩(보)提(리)場(장)名(명)普(보)顯(현)現(현)法(법)王(왕)宮(궁)

殿(전)須(수)彌(미)山(산)微(미)塵(진)數(수)如(여)來(래)於(어)中(중)

出(출)現(현)

其(기)最(최)初(초)佛(불)名(명)法(법)海(해)雷(뇌)音(음)光(광)

사경의 공덕은 십만억 부처님께 공양한 것과 같은 공덕이 있습니다.

明王彼佛出時有轉輪王名
명왕피불출시유전륜왕명
清淨日光明面於其佛所受
청정일광명면어기불소수
持一切法海旋修多羅佛涅
지일체법해선수다라불열
槃後其王出家護持正法法
반후기왕출가호지정법법
欲滅時有千部異衆千種說
욕멸시유천부이중천종설
法近於末劫業惑障重諸惡
법근어말겁업혹장중제악
比丘多有鬪諍樂着境界不
비구다유투쟁락착경계불

求功德樂說王論賊論女論
國論海論及以一切世間之
論時王比丘而語之言奇哉
苦哉佛於無量諸大劫海集
此法炬云何汝等而共毀滅
作是說已上昇虛空高七多
羅樹身出無量諸色焰雲放

사경의 공덕은 십만억 부처님께 공양한 것과 같은 공덕이 있습니다.

사경의 공덕은 십만억 부처님께 공양한 것과 같은 공덕이 있습니다.

菩提心永不退轉得三昧名
보리심영불퇴전득삼매명

一切佛教燈又得此甚深自
일체불교등우득차심심자

在妙音解脫得已身心柔軟
재묘음해탈득이신심유연

卽得現見法海雷音光明王
즉득현견법해뇌음광명왕

如來一切神力善男子於汝
여래일체신력선남자어여

意云何彼時轉輪聖王隨於
의운하피시전륜성왕수어

如來轉正法輪佛涅槃後興
여래전정법륜불열반후흥

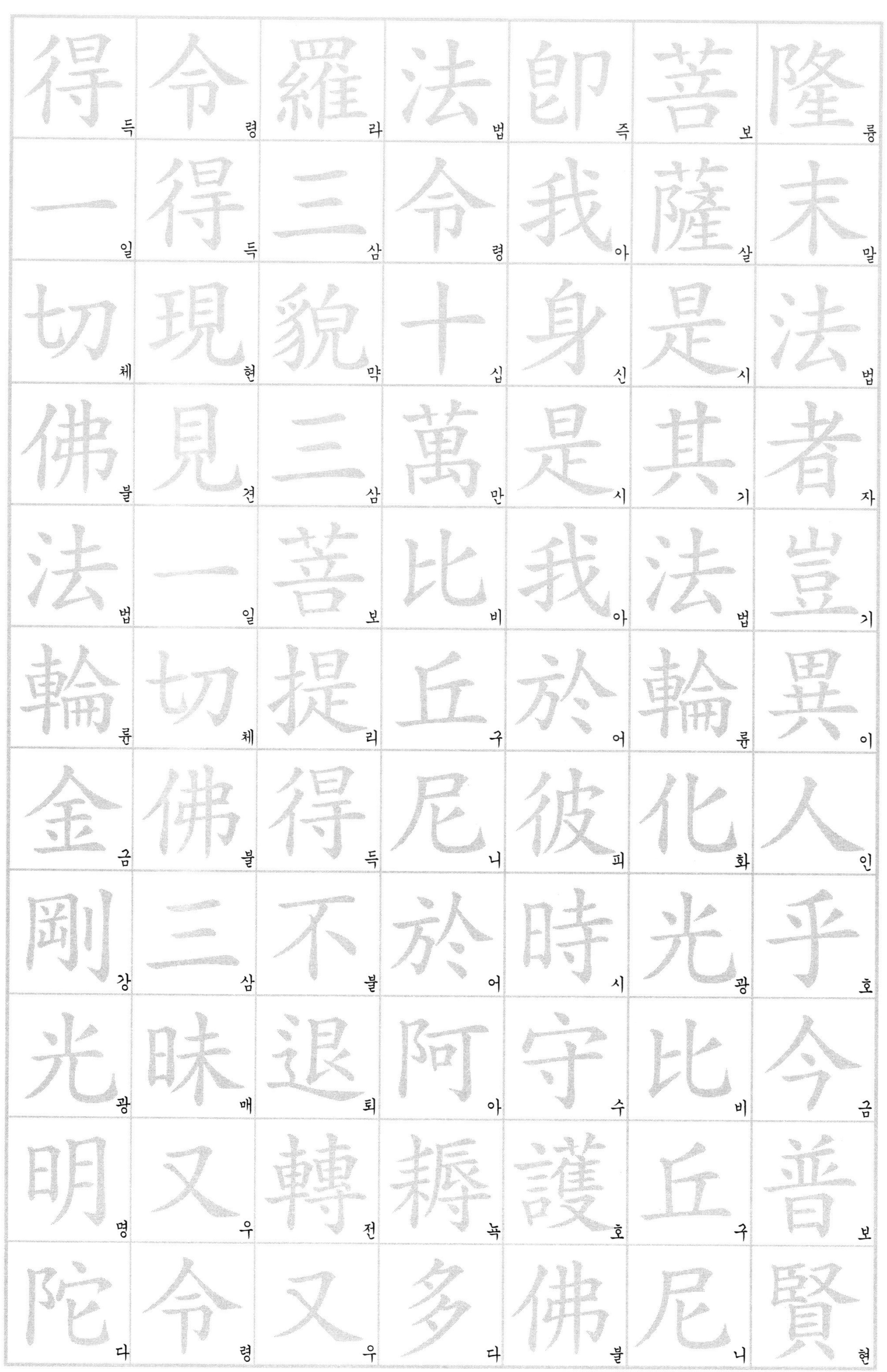

隆末法者豈異人乎今普賢
륭말법자기이인호금보현
菩薩是其法輪化光比丘尼
보살시기법륜화광비구니
即我身是我於彼時守護佛
즉아신시아어피시수호불
法令十萬比丘尼於阿耨多
법령십만비구니어아뇩다
羅三藐三菩提得不退轉又
라삼먁삼보리득불퇴전우
令得現見一切佛三昧又令
령득현견일체불삼매우령
得一切佛法輪金剛光明陀
득일체불법륜금강광명다

燈 등	音 음	功 공	輪 륜	離 이	海 해	羅 라
次 차	王 왕	德 덕	光 광	垢 구	般 반	尼 니
有 유	次 차	雲 운	明 명	法 법	若 야	又 우
佛 불	有 유	次 차	髻 계	光 광	波 바	令 령
興 흥	佛 불	有 유	次 차	明 명	羅 라	得 득
名 명	興 흥	佛 불	有 유	次 차	蜜 밀	普 보
法 법	名 명	興 흥	佛 불	有 유	次 차	入 입
華 화	法 법	名 명	興 흥	佛 불	有 유	一 일
幢 당	日 일	法 법	名 명	興 흥	佛 불	切 체
雲 운	智 지	海 해	法 법	名 명	興 흥	法 법
次 차	慧 혜	妙 묘	日 일	法 법	名 명	門 문

有佛興名法焰山幢王次有
유불흥명법염산당왕차유

佛興名甚深法功德月次有
불흥명심심법공덕월차유

佛興名法智普光藏次有佛
불흥명법지보광장차유불

興名開示普智藏次有佛興
흥명개시보지장차유불흥

名功德藏山王次有佛興名
명공덕장산왕차유불흥명

普門須彌賢次有佛興名一
보문수미현차유불흥명일

切法精進幢次有佛興名法
체법정진당차유불흥명법

有 유	次 차	明 명	焰 염	明 명	靜 정	寶 보
佛 불	有 유	次 차	海 해	慈 자	光 광	華 화
興 흥	佛 불	有 유	次 차	悲 비	明 명	功 공
名 명	興 흥	佛 불	有 유	月 월	髻 계	德 덕
福 복	名 명	興 흥	佛 불	次 차	次 차	雲 운
德 덕	神 신	名 명	興 흥	有 유	有 유	次 차
華 화	通 통	普 보	名 명	佛 불	佛 불	有 유
光 광	智 지	賢 현	智 지	興 흥	興 흥	佛 불
燈 등	光 광	圓 원	日 일	名 명	名 명	興 흥
次 차	王 왕	滿 만	普 보	功 공	法 법	名 명
有 유	次 차	智 지	光 광	德 덕	光 광	寂 적

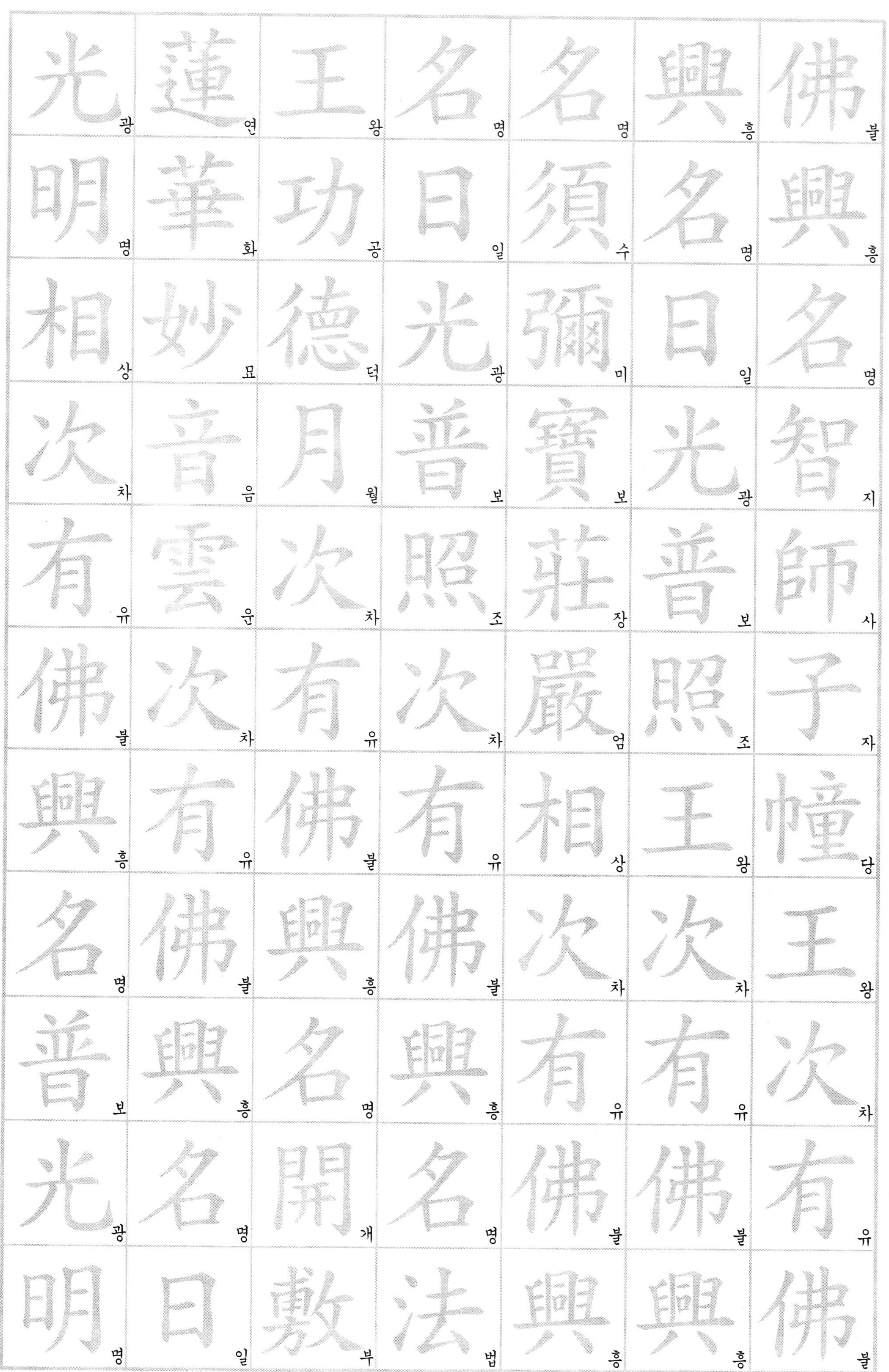

佛興名智師子幢王次有佛
興名日光普照王次有佛興
名須彌寶莊嚴相次有佛興
名日光普照次有佛興名法
王功德月次有佛興名開敷
蓮華妙音雲次有佛興名日
光明相次有佛興名普光明

然 연	功 공	德 덕	開 개	普 보	剛 강	妙 묘
月 월	德 덕	妙 묘	法 법	智 지	那 나	法 법
次 차	月 월	華 화	蓮 연	勇 용	羅 라	音 음
有 유	次 차	海 해	華 화	猛 맹	延 연	次 차
佛 불	有 유	次 차	身 신	幢 당	無 무	有 유
興 흥	佛 불	有 유	次 차	次 차	畏 외	佛 불
名 명	興 흥	佛 불	有 유	有 유	次 차	興 흥
普 보	名 명	興 흥	佛 불	佛 불	有 유	名 명
光 광	法 법	名 명	興 흥	興 흥	佛 불	師 사
明 명	炬 거	道 도	名 명	名 명	興 흥	子 자
髻 계	熾 치	場 량	功 공	普 보	名 명	金 금

功 공	切 체	妙 묘	名 명	名 명	興 흥	次 차
德 덕	衆 중	光 광	栴 전	名 명	名 명	有 유
蓮 연	生 생	明 명	檀 단	稱 칭	金 금	佛 불
華 화	光 광	華 화	妙 묘	山 산	剛 강	興 흥
藏 장	明 명	次 차	月 월	功 공	海 해	名 명
次 차	王 왕	有 유	次 차	德 덕	幢 당	法 법
有 유	次 차	佛 불	有 유	雲 운	雲 운	幢 당
佛 불	有 유	興 흥	佛 불	次 차	次 차	燈 등
興 흥	佛 불	名 명	興 흥	有 유	有 유	次 차
名 명	興 흥	照 조	名 명	佛 불	佛 불	有 유
香 향	名 명	一 일	普 보	興 흥	興 흥	佛 불

焰光明王次有佛興名波頭
(염광명왕차유불흥명파두)

摩華因次有佛興名衆相山
(마화인차유불흥명중상산)

普光明次有佛興名普名稱
(보광명차유불흥명보명칭)

幢次有佛興名須彌普門光
(당차유불흥명수미보문광)

次有佛興名功德法城光次
(차유불흥명공덕법성광차)

有佛興名大樹山光明次有
(유불흥명대수산광명차유)

佛興名普德光明幢次有佛
(불흥명보덕광명당차유불)

사경의 공덕은 십만억 부처님께 공양한 것과 같은 공덕이 있습니다.

華 화	華 화	上 상	德 덕	法 법	名 명	興 흥
光 광	淨 정	妙 묘	山 산	輪 륜	勇 용	名 명
明 명	光 광	法 법	智 지	光 광	猛 맹	功 공
藏 장	幢 당	月 월	慧 혜	明 명	法 법	德 덕
次 차	次 차	次 차	光 광	雲 운	力 력	吉 길
有 유	有 유	有 유	次 차	次 차	幢 당	祥 상
佛 불	佛 불	佛 불	有 유	有 유	次 차	相 상
興 흥	興 흥	興 흥	佛 불	佛 불	有 유	次 차
名 명	名 명	名 명	興 흥	興 흥	佛 불	有 유
光 광	寶 보	法 법	名 명	名 명	興 흥	佛 불
焰 염	蓮 연	蓮 연	無 무	功 공	名 명	興 흥

雲운 山산 燈등 次차 有유 佛불 興흥 名명 普보 覺각 華화

次차 有유 佛불 興흥 名명 種종 種종 功공 德덕 焰염 須수

彌미 藏장 次차 有유 佛불 興흥 名명 圓원 滿만 光광 山산

王왕 次차 有유 佛불 興흥 名명 福복 德덕 雲운 莊장 嚴엄

次차 有유 佛불 興흥 名명 法법 山산 雲운 幢당 次차 有유

佛불 興흥 名명 功공 德덕 山산 光광 明명 次차 有유 佛불

興흥 名명 法법 日일 雲운 燈등 王왕 次차 有유 佛불 興흥

佛 불	光 광	德 덕	法 법	提 리	法 법	名 명
興 흥	次 차	賢 현	輪 륜	智 지	輪 륜	法 법
名 명	有 유	次 차	月 월	光 광	雲 운	雲 운
法 법	佛 불	有 유	次 차	幢 당	次 차	名 명
力 력	興 흥	佛 불	有 유	次 차	有 유	稱 칭
功 공	名 명	興 흥	佛 불	有 유	佛 불	王 왕
德 덕	普 보	名 명	興 흥	佛 불	興 흥	次 차
山 산	智 지	賢 현	名 명	興 흥	名 명	有 유
次 차	雲 운	德 덕	寶 보	名 명	開 개	佛 불
有 유	次 차	廣 광	山 산	普 보	悟 오	興 흥
佛 불	有 유	大 대	威 위	照 조	菩 보	名 명

有 유	有 유	次 차	雲 운	佛 불	名 명	興 흥
佛 불	佛 불	有 유	次 차	興 흥	金 금	名 명
興 흥	興 흥	佛 불	有 유	名 명	色 색	功 공
名 명	名 명	興 흥	佛 불	頂 정	摩 마	德 덕
三 삼	精 정	名 명	興 흥	髻 계	尼 니	香 향
昧 매	進 진	無 무	名 명	出 출	山 산	焰 염
印 인	炬 거	上 상	法 법	一 일	妙 묘	王 왕
廣 광	光 광	功 공	輪 륜	切 체	音 음	次 차
大 대	明 명	德 덕	熾 치	法 법	聲 성	有 유
光 광	雲 운	山 산	盛 성	光 광	次 차	佛 불
明 명	次 차	次 차	光 광	明 명	有 유	興 흥

法 법	山 산	莊 장	畏 외	次 차	王 왕	冠 관
虛 허	雲 운	嚴 엄	法 법	有 유	次 차	次 차
空 공	次 차	幢 당	光 광	佛 불	有 유	有 유
次 차	有 유	次 차	明 명	興 흥	佛 불	佛 불
有 유	佛 불	有 유	次 차	名 명	興 흥	興 흥
佛 불	興 흥	佛 불	有 유	普 보	名 명	名 명
興 흥	名 명	興 흥	佛 불	照 조	法 법	寶 보
名 명	照 조	名 명	興 흥	虛 허	炬 거	光 광
開 개	無 무	光 광	名 명	空 공	寶 보	明 명
顯 현	障 장	明 명	月 월	界 계	蓋 개	功 공
智 지	礙 애	焰 염	相 상	無 무	音 음	德 덕

사경의 공덕은 십만억 부처님께 공양한 것과 같은 공덕이 있습니다.

光(광)身(신)次(차)有(유)佛(불)興(흥)名(명)世(세)主(주)德(덕)光(광)
明(명)音(음)次(차)有(유)佛(불)興(흥)名(명)一(일)切(체)法(법)三(삼)
昧(매)光(광)明(명)音(음)次(차)有(유)佛(불)興(흥)名(명)法(법)音(음)
功(공)德(덕)藏(장)次(차)有(유)佛(불)興(흥)名(명)熾(치)然(연)焰(염)
法(법)海(해)雲(운)次(차)有(유)佛(불)興(흥)名(명)普(보)照(조)三(삼)
世(세)相(상)大(대)光(광)明(명)次(차)有(유)佛(불)興(흥)名(명)普(보)
照(조)法(법)輪(륜)山(산)次(차)有(유)佛(불)興(흥)名(명)法(법)界(계)

사경의 공덕은 십만억 부처님께 공양한 것과 같은 공덕이 있습니다.

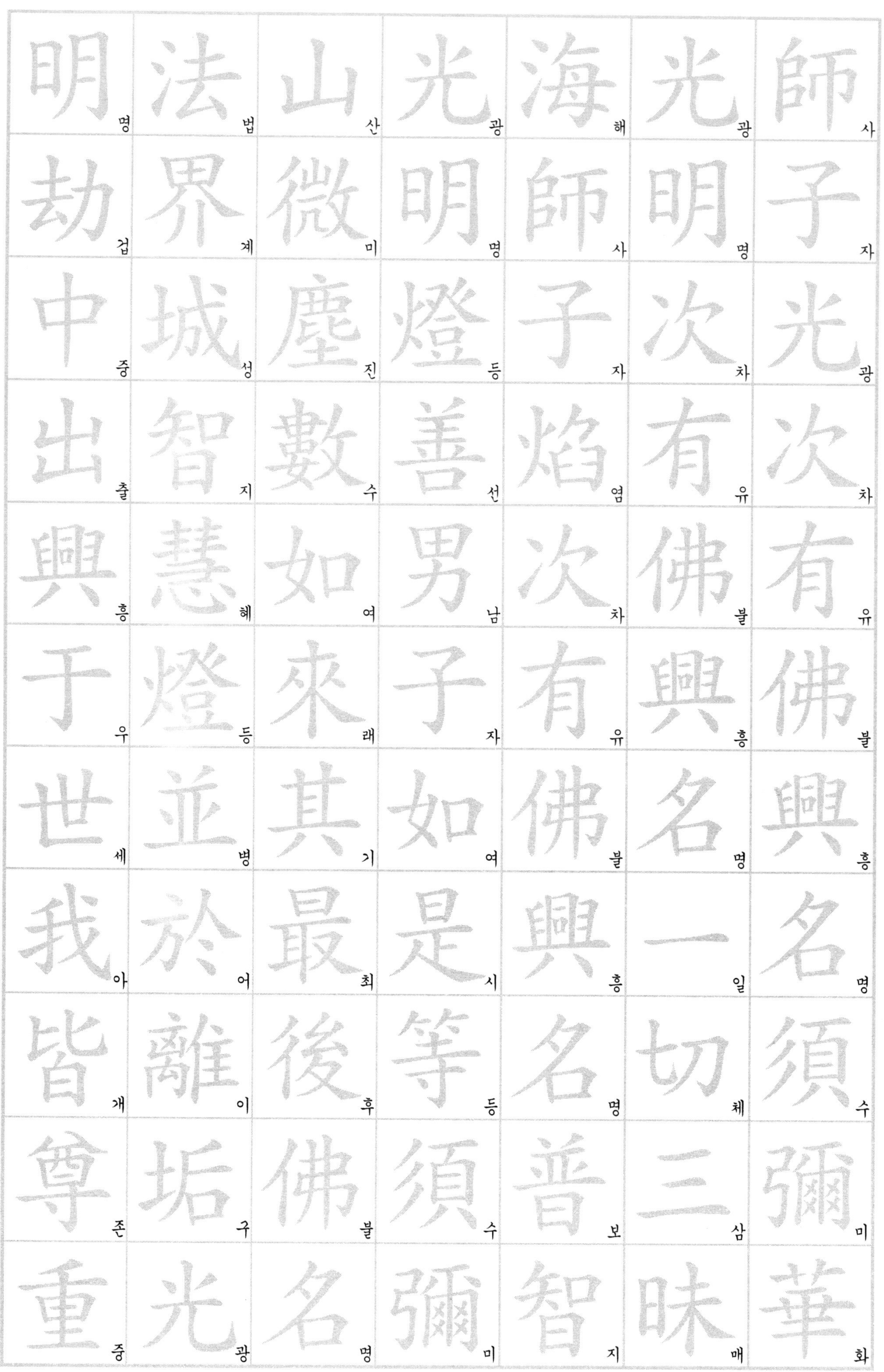

사경의 공덕은 십만억 부처님께 공양한 것과 같은 공덕이 있습니다.

親近供養聽聞受持所說妙 (친근공양청문수지소설묘)
法亦於彼一切諸如來所出 (법역어피일체제여래소출)
家學道護持法教入此菩薩 (가학도호지법교입차보살)
甚深自在妙音解脫種種方 (심심자재묘음해탈종종방)
便教化成熟無量衆生從是 (편교화성숙무량중생종시)
已來於佛剎微塵數劫所有 (이래어불찰미진수겁소유)
諸佛出興於世我皆供養修 (제불출흥어세아개공양수)

行其法善男子我從是來於
행기법선남자아종시래어

生死夜無明昏寐諸衆生中
생사야무명혼매제중생중

而獨覺悟令諸衆生守護心
이독각오령제중생수호심

城捨三界城住一切智無上
성사삼계성주일체지무상

法城善男子我唯知此甚深
법성선남자아유지차심심

自在妙音解脫令諸世間離
자재묘음해탈령제세간이

戱論語不作二語常眞實語
희론어부작이어상진실어

사경의 공덕은 십만억 부처님께 공양한 것과 같은 공덕이 있습니다.

得 득	海 해	悉 실	切 체	中 중	能 능	恒 항
自 자	於 어	皆 개	衆 중	自 자	知 지	淸 청
在 재	普 보	辯 변	生 생	在 재	一 일	淨 정
隨 수	攝 섭	了 료	言 언	開 개	切 체	語 어
諸 제	一 일	明 명	音 음	悟 오	語 어	如 여
衆 중	切 체	見 견	海 해	一 일	言 언	諸 제
生 생	法 법	一 일	於 어	切 체	自 자	菩 보
心 심	陀 다	切 체	一 일	衆 중	性 성	薩 살
之 지	羅 라	諸 제	切 체	生 생	於 어	摩 마
所 소	尼 니	法 법	言 언	入 입	念 념	訶 하
疑 의	已 이	門 문	辭 사	一 일	念 념	薩 살

而爲說法究竟調伏一切衆
이위설법구경조복일체중

生能普攝受一切衆生巧修
생능보섭수일체중생교수

菩薩諸無上業深入菩薩諸
보살제무상업심입보살제

微細智能善觀察諸菩薩藏
미세지능선관찰제보살장

能自在說諸菩薩法何以故
능자재설제보살법하이고

已得成就一切法輪陀羅尼
이득성취일체법륜다라니

故而我云何能知能說彼功
고이아운하능지능설피공

德行善男子此佛會中有主
덕행선남자차불회중유주

夜神名開敷一切樹華汝詣
야신명개부일체수화여예

彼問菩薩云何學一切智云
피문보살운하학일체지운

何安立一切衆生住一切智
하안립일체중생주일체지

爾時守護一切主夜神欲重
이시수호일체주야신욕중

宣此解脫義爲善財童子而
선차해탈의위선재동자이

說頌言
설송언

사경의 공덕은 십만억 부처님께 공양한 것과 같은 공덕이 있습니다.

菩薩解脫深難見 (보살해탈심난견)

虛空如如平等相 (허공여여평등상)

普見無邊法界內 (보견무변법계내)

一切三世諸如來 (일체삼세제여래)

出生無量勝功德 (출생무량승공덕)

證入難思眞法性 (증입난사진법성)

增長一切自在智 (증장일체자재지)

開通三世解脫道
개통삼세해탈도

過於刹轉微塵劫
과어찰전미진겁

爾時有劫名淨光
이시유겁명정광

世界名爲法焰雲
세계명위법염운

其城號曰寶華光
기성호왈보화광

其中諸佛興於世
기중제불흥어세

量與須彌塵數等
량여수미진수등

有(유)佛(불)名(명)爲(위)法(법)海(해)音(음)
於(어)此(차)劫(겁)中(중)先(선)出(출)現(현)
乃(내)至(지)其(기)中(중)最(최)後(후)佛(불)
名(명)爲(위)法(법)界(계)焰(염)燈(등)王(왕)
如(여)是(시)一(일)切(체)諸(제)如(여)來(래)
我(아)皆(개)供(공)養(양)聽(청)受(수)法(법)
我(아)見(견)法(법)海(해)雷(뇌)音(음)佛(불)

사경의 공덕은 십만억 부처님께 공양한 것과 같은 공덕이 있습니다.

其身普作眞金色 (기신보작진금색)
諸相莊嚴如寶山 (제상장엄여보산)
發心願得成如來 (발심원득성여래)
我暫見彼如來身 (아잠견피여래신)
卽發菩提廣大心 (즉발보리광대심)
誓願勤求一切智 (서원근구일체지)
性與法界虛空等 (성여법계허공등)

由斯普見三世佛 (유사보견삼세불)
及以一切菩薩衆 (급이일체보살중)
亦見國土衆生海 (역견국토중생해)
而普攀緣起大悲 (이보반연기대비)
隨諸衆生心所樂 (수제중생심소락)
示現種種無量身 (시현종종무량신)
普徧十方諸國土 (보변시방제국토)

動地舒光悟含識
동지서광오함식

見第二佛而親近
견제이불이친근

亦見十方刹海佛
역견시방찰해불

乃至最後佛出興
내지최후불출흥

如是須彌塵數等
여시수미진수등

於諸刹轉微塵劫
어제찰전미진겁

所有如來照世燈
소유여래조세등

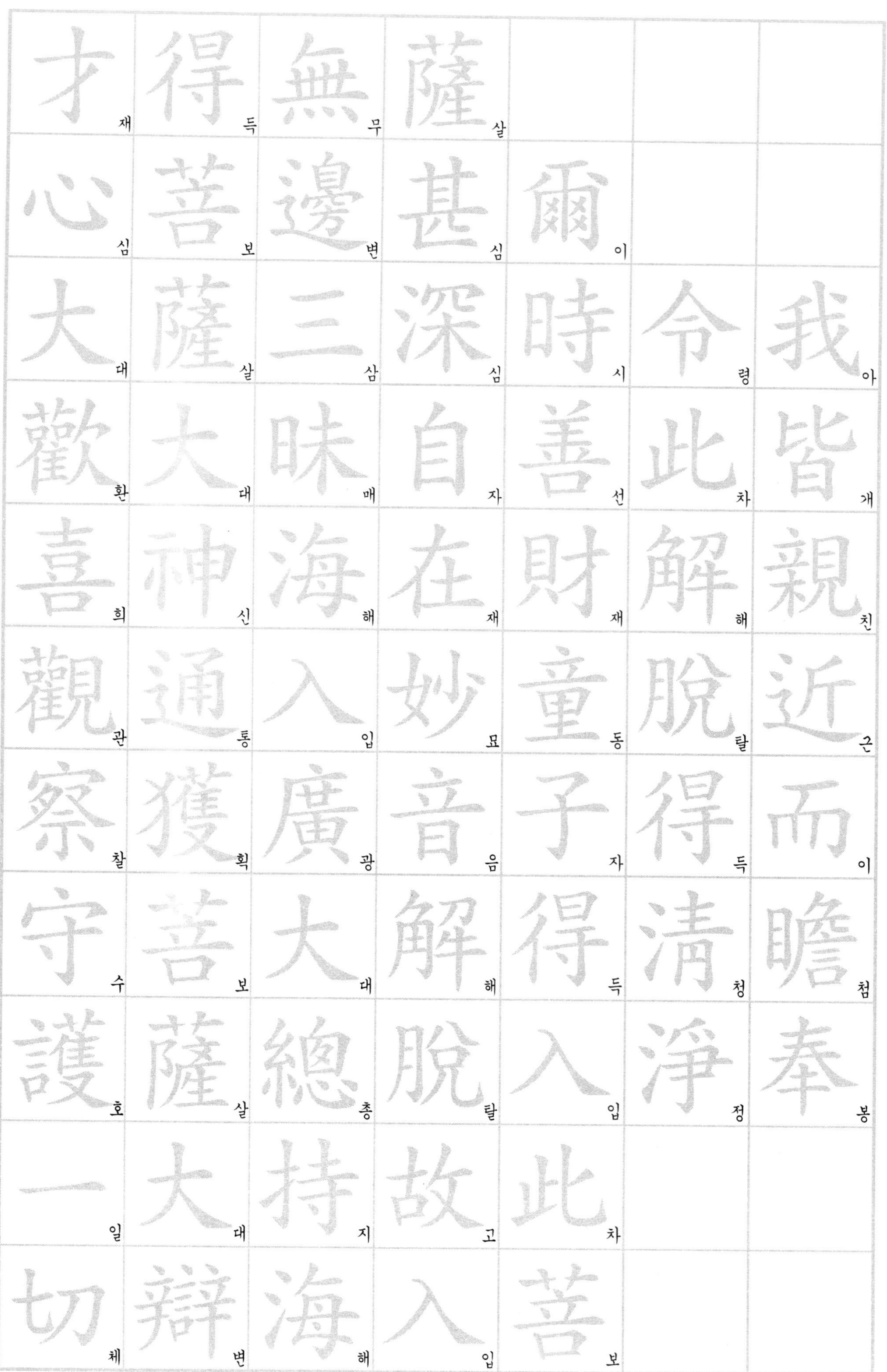
我皆親近而瞻奉
令此解脫得清淨
爾時善財童子得入此菩
薩甚深自在妙音解脫故入
無邊三昧海入廣大總持海
得菩薩大神通獲菩薩大辯
才心大歡喜觀察守護一切

城主夜神以偈讚曰 (성주야신이게찬왈)

已行廣大妙慧海 (이행광대묘혜해)

已度無邊諸有海 (이도무변제유해)

長壽無患智藏身 (장수무환지장신)

威德光明住此衆 (위덕광명주차중)

了達法性如虛空 (요달법성여허공)

普入三世皆無礙 (보입삼세개무애)

사경의 공덕은 십만억 부처님께 공양한 것과 같은 공덕이 있습니다.

念念攀緣一切境 (념념반연일체경)

心心永斷諸分別 (심심영단제분별)

了達眾生無有性 (요달중생무유성)

而於眾生起大悲 (이어중생기대비)

深入如來解脫門 (심입여래해탈문)

廣度群迷無量眾 (광도군미무량중)

觀察思惟一切法 (관찰사유일체법)

사경의 공덕은 십만억 부처님께 공양한 것과 같은 공덕이 있습니다.

了知證入諸法性

如是修行佛智慧

普化衆生令解脫

天是衆生調御師

開示如來智慧道

普爲法界諸含識

說離世間衆怖行

사경의 공덕은 십만억 부처님께 공양한 것과 같은 공덕이 있습니다.

已住如來諸願道
이주여래제원도

已受菩提廣大教
이수보리광대교

已修一切偏行力
이수일체변행력

已見十方佛自在
이견시방불자재

天神心淨如虛空
천신심정여허공

普離一切諸煩惱
보리일체제번뇌

了知三世無量剎
요지삼세무량찰

諸佛菩薩及衆生 (제불보살급중생)
天神一念悉了知 (천신일념실요지)
晝夜日月年劫海 (주야일월년겁해)
亦知一切衆生類 (역지일체중생류)
種種名相各差別 (종종명상각차별)
十方衆生生死處 (시방중생생사처)
有色無色想無想 (유색무색상무상)

隨順世俗悉了知 (수순세속실요지)

引導使入菩提路 (인도사입보리로)

已生如來誓願家 (이생여래서원가)

已入諸佛功德海 (이입제불공덕해)

法身清淨心無礙 (법신청정심무애)

隨衆生樂現衆色 (수중생락현중색)

時善財童子說此頌已禮 (시선재동자설차송이예)

夜神足遶無量匝慇懃瞻仰
辭退而去
爾時善財童子入菩薩甚
深自在妙音解脫門修行增
進往詣開敷一切樹華夜神
所見其身在眾寶香樹樓閣
之內妙寶所成師子座上百

사경의 공덕은 십만억 부처님께 공양한 것과 같은 공덕이 있습니다.

萬夜神所共圍遶時善財童
만야신소공위요시선재동

子頂禮其足於前合掌而作
자정례기족어전합장이작

是言聖者我已先發阿耨多
시언성자아이선발아뇩다

羅三藐三菩提心而未知菩
라삼막삼보리심이미지보

薩云何學菩薩行云何得一
살운하학보살행운하득일

切智唯願垂慈爲我宣說
체지유원수자위아선설

夜神言善男子我於此娑
야신언선남자아어차사

사경의 공덕은 십만억 부처님께 공양한 것과 같은 공덕이 있습니다.

사경의 공덕은 십만억 부처님께 공양한 것과 같은 공덕이 있습니다.

懈 해	大 대	者 자	爲 위	位 위	死 사	逸 일
怠 태	慈 자	稱 칭	慳 간	稱 칭	相 상	五 오
者 자	懷 회	揚 양	悋 린	歎 탄	令 령	欲 욕
令 령	惱 뇌	淨 정	者 자	種 종	生 생	自 자
起 기	害 해	戒 계	讚 찬	種 종	恐 공	恣 자
精 정	者 자	有 유	歎 탄	善 선	怖 포	我 아
進 진	令 령	瞋 진	布 보	根 근	捨 사	爲 위
若 약	行 행	恚 에	施 시	使 사	離 리	示 시
散 산	忍 인	者 자	爲 위	其 기	諸 제	現 현
亂 란	辱 욕	教 교	破 파	修 수	惡 악	老 노
者 자	若 약	住 주	戒 계	習 습	復 부	病 병

사경의 공덕은 십만억 부처님께 공양한 것과 같은 공덕이 있습니다.

令修禪定住惡慧者令學般
령수선정주악혜자령학반

若樂小乘者令住大乘樂着
야락소승자령주대승락착

三界諸趣中者令住菩薩願
삼계제취중자령주보살원

波羅蜜若有衆生福智微劣
바라밀약유중생복지미열

爲諸結業之所逼迫多留礙
위제결업지소핍박다류애

者令住菩薩力波羅蜜若有
자령주보살력바라밀약유

衆生其心暗昧無有智慧令
중생기심암매무유지혜령

사경의 공덕은 십만억 부처님께 공양한 것과 같은 공덕이 있습니다.

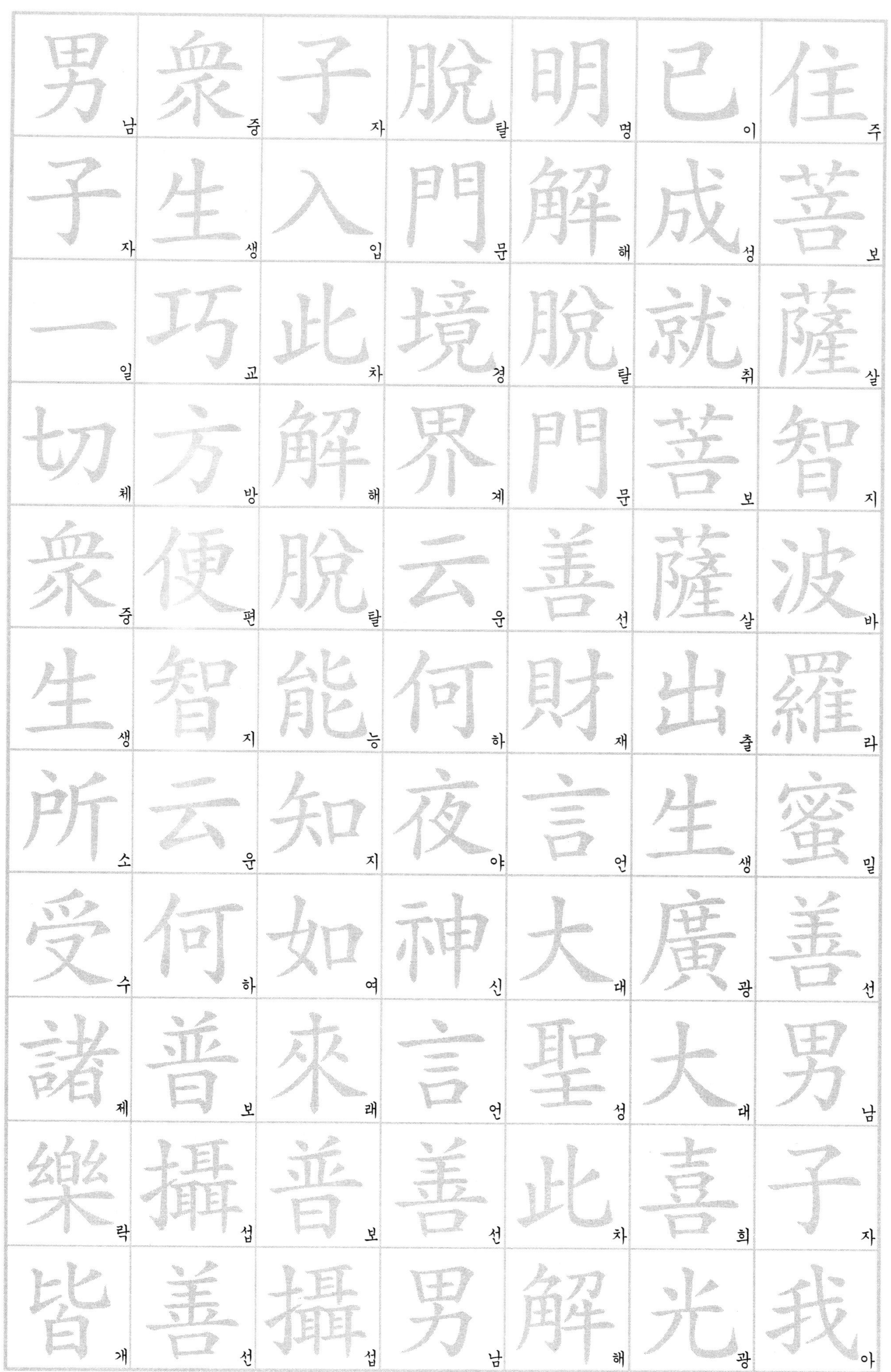

사경의 공덕은 십만억 부처님께 공양한 것과 같은 공덕이 있습니다.

是如來威德力故順如來教
시여래위덕력고순여래교

故行如來語故學如來行故
고행여래어고학여래행고

得如來所護力故修如來所
득여래소호력고수여래소

印道故種如來所行善故依
인도고종여래소행선고의

如來所說法故如來智慧日
여래소설법고여래지혜일

光之所照故如來性淨業力
광지소조고여래성정업력

之所攝故云何知然善男子
지소섭고운하지연선남자

我入此出生廣大喜光明解
脫憶念毘盧遮那如來應正
等覺往昔所修菩薩行海悉
皆明見善男子世尊往昔爲
菩薩時見一切衆生着我我
所住無明暗室入諸見稠林
爲貪愛所縛忿怒所壞愚癡

所亂慳嫉所纏生死輪迴貧
소란간질소전생사윤회빈

窮困苦不得值遇諸佛菩薩
궁곤고부득치우제불보살

見如是已起大悲心利益衆
견여시이기대비심이익중

生所謂起願得一切妙寶資
생소위기원득일체묘보자

具攝衆生心願一切衆生皆
구섭중생심원일체중생개

悉具足資生之物無所乏心
실구족자생지물무소핍심

於一切衆事離執着心於一
어일체중사이집착심어일

사경의 공덕은 십만억 부처님께 공양한 것과 같은 공덕이 있습니다.

切체 境경 界계 無무 貪탐 染염 心심 於어 一일 切체 所소
有유 無무 慳간 悋린 心심 於어 一일 切체 果과 報보 無무
希희 望망 心심 於어 一일 切체 榮영 好호 無무 羨선 慕모
心심 於어 一일 切체 因인 緣연 無무 迷미 惑혹 心심 起기
觀관 察찰 眞진 實실 法법 性성 心심 起기 救구 護호 一일
切체 衆중 生생 心심 起기 深심 入입 一일 切체 法법 漩선
澓복 心심 起기 於어 一일 切체 衆중 生생 住주 平평 等등

사경의 공덕은 십만억 부처님께 공양한 것과 같은 공덕이 있습니다.

大慈心起於一切衆生行方
대자심기어일체중생행방

便大悲心起爲大法蓋普覆
편대비심기위대법개보복

衆生心起以大智金剛杵破
중생심기이대지금강저파

一切衆生煩惱障山心起令
일체중생번뇌장산심기령

一切衆生增長喜樂心起願
일체중생증장희락심기원

一切衆生究竟安樂心起隨
일체중생구경안락심기수

衆生所欲雨一切財寶心起
중생소욕우일체재보심기

사경의 공덕은 십만억 부처님께 공양한 것과 같은 공덕이 있습니다.

以平等方便成熟一切衆生
이평등방편성숙일체중생

心起令一切衆生滿足聖財
심기령일체중생만족성재

心起願一切衆生究竟皆得
심기원일체중생구경개득

十力智果心起如是心已得
십력지과심기여시심이득

菩薩力現大神變徧法界虛
보살력현대신변변법계허

空界於一切衆生前普雨一
공계어일체중생전보우일

切資生之物隨其所欲悉滿
체자생지물수기소욕실만

其意皆令歡喜不悔不悋無
(기의개령환희불회불린무)

間無斷以是方便普攝衆生
(간무단이시방편보섭중생)

教化成熟皆令得出生死苦
(교화성숙개령득출생사고)

難不求其報淨治一切衆生
(난불구기보정치일체중생)

心寶令其生起一切諸佛同
(심보령기생기일체제불동)

一善根增一切智福德大海
(일선근증일체지복덕대해)

菩薩如是念念成熟一切
(보살여시념념성숙일체)

衆生念念嚴淨一切佛刹念
念普入一切法界念念皆悉
徧虛空界念念普入一切三
世念念成就調伏一切諸衆
生智念念恒轉一切法輪念
念恒以一切智道利益衆生
念念普於一切世界種種差

사경의 공덕은 십만억 부처님께 공양한 것과 같은 공덕이 있습니다.

世 세	種 종	大 대	不 불	切 체	切 체	別 별
界 계	際 제	世 세	生 생	世 세	佛 불	諸 제
種 종	畔 반	界 계	二 이	界 계	成 성	衆 중
種 종	諸 제	海 해	想 상	一 일	等 등	生 생
體 체	世 세	一 일	所 소	切 체	正 정	前 전
性 성	界 계	切 체	謂 위	諸 제	覺 각	盡 진
諸 제	種 종	世 세	普 보	劫 겁	念 념	未 미
世 세	種 종	界 계	入 입	修 수	念 념	來 래
界 계	莊 장	種 종	一 일	菩 보	普 보	劫 겁
種 종	嚴 엄	中 중	切 체	薩 살	於 어	現 현
種 종	諸 제	種 종	廣 광	行 행	一 일	一 일

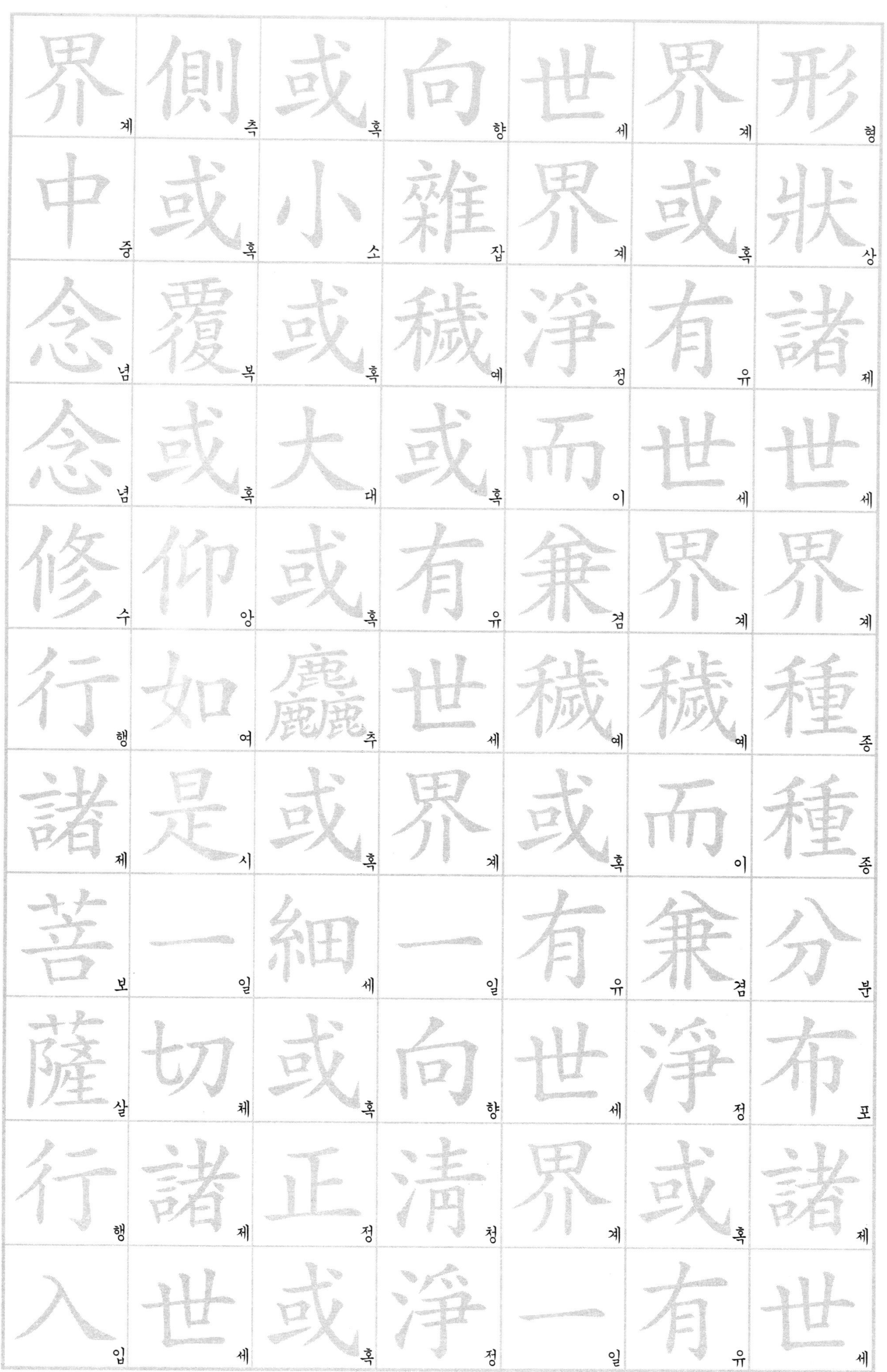

사경의 공덕은 십만억 부처님께 공양한 것과 같은 공덕이 있습니다.

菩薩位現菩薩力亦現三世
一切佛身隨衆生心普使知
見善男子毘盧遮那如來於
過去世如是修行菩薩行時
見諸衆生不修功德無有智
慧着我我所無明翳障不正
思惟入諸邪見不識因果順

보살위현보살력역현삼세
일체불신수중생심보사지
견선남자비로자나여래어
과거세여시수행보살행시
견제중생불수공덕무유지
혜착아아소무명예장부정
사유입제사견불식인과순

사경의 공덕은 십만억 부처님께 공양한 것과 같은 공덕이 있습니다.

煩(번)惱(뇌)業(업)墮(타)於(어)生(생)死(사)險(험)難(난)深(심)坑(갱)
具(구)受(수)種(종)種(종)無(무)量(량)諸(제)苦(고)起(기)大(대)悲(비)
心(심)具(구)修(수)一(일)切(체)波(바)羅(라)蜜(밀)行(행)爲(위)諸(제)
衆(중)生(생)稱(칭)揚(양)讚(찬)歎(탄)堅(견)固(고)善(선)根(근)令(령)
其(기)安(안)住(주)遠(원)離(리)生(생)死(사)貧(빈)窮(궁)之(지)苦(고)
勤(근)修(수)福(복)智(지)助(조)道(도)之(지)法(법)爲(위)說(설)種(종)
種(종)諸(제)因(인)果(과)門(문)爲(위)說(설)業(업)報(보)不(불)相(상)

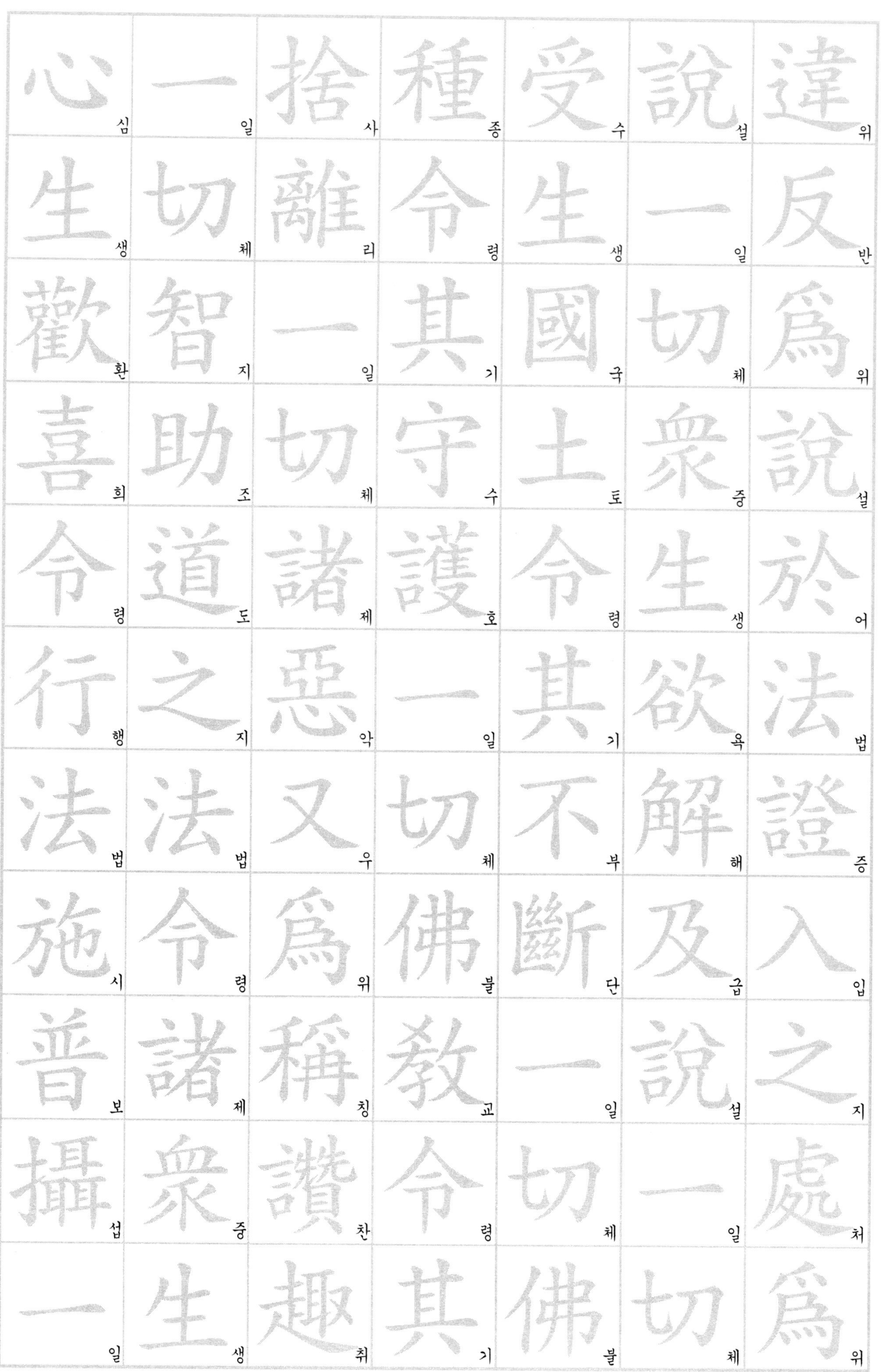
違위 反반 爲위 說설 於어 法법 證증 入입 之지 處처 爲위
說설 一일 切체 衆중 生생 欲욕 解해 及급 說설 一일 切체
受수 生생 國국 土토 令령 其기 不부 斷단 一일 切체 佛불
種종 令령 其기 守수 護호 一일 切체 佛불 敎교 令령 其기
捨사 離리 一일 切체 諸제 惡악 又우 爲위 稱칭 讚찬 趣취
一일 切체 智지 助조 道도 之지 法법 令령 諸제 衆중 生생
心심 生생 歡환 喜희 令령 行행 法법 法법 施시 普보 攝섭 一일

切令其發起一切智行令其
체령기발기일체지행령기

修學諸大菩薩波羅蜜道令
수학제대보살바라밀도령

其增長成一切智諸善根海
기증장성일체지제선근해

令其滿足一切聖財令其得
령기만족일체성재령기득

入佛自在門令其攝取無量
입불자재문령기섭취무량

方便令其觀見如來威德令
방편령기관견여래위덕령

其安住菩薩智慧善財童子
기안주보살지혜선재동자

사경의 공덕은 십만억 부처님께 공양한 것과 같은 공덕이 있습니다.

言聖者發阿耨多羅三藐三
언성자발아녹다라삼약삼

菩提心其已久如夜神言善
보리심기이구여야신언선

男子此處難信難知難解難
남자차처난신난지난해난

入難說一切世間及以二乘
입난설일체세간급이이승

皆不能知唯除諸佛神力所
개불능지유제제불신력소

護善友所攝集勝功德欲樂
호선우소섭집승공덕욕락

清淨無下劣心無雜染心無
청정무하열심무잡염심무

諂(첨)曲(곡)心(심)得(득)普(보)照(조)耀(요)智(지)光(광)明(명)心(심)

發(발)普(보)饒(요)益(익)諸(제)衆(중)生(생)心(심)一(일)切(체)煩(번)

惱(뇌)及(급)以(이)衆(중)魔(마)無(무)能(능)壞(괴)心(심)起(기)必(필)

成(성)就(취)一(일)切(체)智(지)心(심)不(불)樂(락)一(일)切(체)生(생)

死(사)樂(락)心(심)能(능)求(구)一(일)切(체)諸(제)佛(불)妙(묘)樂(락)

能(능)滅(멸)一(일)切(체)衆(중)生(생)苦(고)惱(뇌)能(능)修(수)一(일)

切(체)佛(불)功(공)德(덕)海(해)能(능)觀(관)一(일)切(체)諸(제)法(법)

사경의 공덕은 십만억 부처님께 공양한 것과 같은 공덕이 있습니다.

實(실)性(성)能(능)具(구)一(일)切(체)清(청)淨(정)信(신)解(해)能(능)
超(초)一(일)切(체)生(생)死(사)瀑(폭)流(류)能(능)入(입)一(일)切(체)
如(여)來(래)智(지)海(해)能(능)決(결)定(정)到(도)無(무)上(상)法(법)
城(성)能(능)勇(용)猛(맹)入(입)如(여)來(래)境(경)界(계)能(능)速(속)
疾(질)趣(취)諸(제)佛(불)地(지)位(위)能(능)卽(즉)成(성)就(취)一(일)
切(체)智(지)力(력)能(능)於(어)十(시)方(방)已(이)得(득)究(구)竟(경)
如(여)是(시)之(지)人(인)於(어)此(차)能(능)持(지)能(능)入(입)能(능)

開 개	在 재	欲 욕	令 령	衆 중	界 계	了 요
敷 부	隨 수	令 령	調 조	生 생	一 일	何 하
一 일	汝 여	修 수	順 순	然 연	切 체	以 이
切 체	所 소	習 습	可 가	我 아	菩 보	故 고
樹 수	問 문	善 선	化 화	今 금	薩 살	此 차
華 화	爲 위	根 근	衆 중	者 자	尚 상	是 시
夜 야	汝 여	衆 중	生 생	以 이	不 불	如 여
神 신	宣 선	生 생	意 의	佛 불	能 능	來 래
欲 욕	說 설	心 심	速 속	威 위	知 지	智 지
重 중	爾 이	得 득	淸 청	力 력	況 황	慧 혜
明 명	時 시	自 자	淨 정	欲 욕	餘 여	境 경

其義觀察三世如來境界而
기의관찰삼세여래경계이

說頌言
설송언

佛了汝所問 甚深佛境界
불요여소문 심심불경계

難思剎塵劫 說之不可盡
난사찰진겁 설지불가진

非是貪恚癡 憍慢惑所覆
비시탐에치 교만혹소복

如是衆生等 能知佛妙法
여시중생등 능지불묘법

非是住慳嫉 諂誑諸濁意
비시주간질 첨광제탁의

사경의 공덕은 십만억 부처님께 공양한 것과 같은 공덕이 있습니다.

煩惱業所覆
번뇌업장부

非着蘊界處
비착온계처

見倒想倒人
견도상도인

佛境界寂靜
불경계적정

非着諸有者
비착제유자

生於諸佛家
생어제불가

持佛法藏者
지불법장자

能知佛境界
능지불경계

及計於有身
급계어유신

能知佛所覺
능지불소각

性淨離分別
성정이분별

能知此法性
능지차법성

爲佛所守護
위불소수호

智眼之境界
지안지경계

親近善知識 친근선지식
勤求諸佛力 근구제불력
心淨無分別 심정무분별
慧燈破諸暗 혜등파제암
以大慈悲意 이대자비의
一切皆平等 일체개평등
歡喜心無着 환희심무착

愛樂白淨法 애락백정법
聞此法歡喜 문차법환희
猶如太虛空 유여태허공
是彼之境界 시피지경계
普覆諸世間 보부제세간
是彼之境界 시피지경계
一切皆能捨 일체개능사

平等施衆生 평등시중생
心淨離諸惡 심정이제악
順行諸佛教 순행제불교
了知法自性 요지법자성
其心無動亂 기심무동란
勇猛勤精進 용맹근정진
勤修一切智 근수일체지

是彼之境界 시피지경계
究竟無所悔 구경무소회
是彼之境界 시피지경계
及以諸業種 급이제업종
是彼之境界 시피지경계
安住心不退 안주심불퇴
是彼之境界 시피지경계

其心寂靜住三昧
기심적정주삼매

究竟清涼無熱惱
구경청량무열뇌

已修一切智海因
이수일체지해인

此證悟者之解脫
차증오자지해탈

善知一切眞實相
선지일체진실상

深入無邊法界門
심입무변법계문

普度群生靡有餘
보도군생미유여

此慧燈者之解脫
차혜등자지해탈

了達衆生眞實性
요달중생진실성

不着一切諸有海
불착일체제유해

如影普現心水中
여영보현심수중

此正道者之解脫
차정도자지해탈

從於一切三世佛
종어일체삼세불

方便願種而出生
방편원종이출생

盡諸劫刹勤修行
진제겁찰근수행

此普賢者之解脫
차보현자지해탈

普入一切法界門
보입일체법계문

悉見十方諸刹海
실견시방제찰해

亦見其中劫成壞
역견기중겁성괴

而心畢竟無分別
이심필경무분별

法界所有微塵中
법계소유미진중

悉見如來坐道樹
실견여래좌도수

成就菩提化群品
성취보리화군품

此無礙眼之解脫
차무애안지해탈

汝於無量大劫海
여어무량대겁해

親近供養善知識
친근공양선지식

爲利群生求正法
위리군생구정법

聞已憶念無遺忘
문이억념무유망

사경의 공덕은 십만억 부처님께 공양한 것과 같은 공덕이 있습니다.

毘盧遮那廣大境 (비로자나광대경)
無量無邊不可思 (무량무변불가사)
我承佛力爲汝說 (아승불력위여설)
令汝深心轉清淨 (령여심심전청정)
善男子乃往古世過世界 (선남자내왕고세과세계)
海微塵數劫有世界海名普 (해미진수겁유세계해명보)
光明眞金摩尼山其世界海 (광명진금마니산기세계해)

中 중 有 유 佛 불 出 출 現 현 名 명 普 보 照 조 法 법 界 계 智 지

慧 혜 山 산 寂 적 靜 정 威 위 德 덕 王 왕 善 선 男 남 子 자 其 기

佛 불 往 왕 修 수 菩 보 薩 살 行 행 時 시 淨 정 彼 피 世 세 界 계

海 해 其 기 世 세 界 계 海 해 中 중 有 유 世 세 界 계 微 미 塵 진

數 수 世 세 界 계 種 종 一 일 一 일 世 세 界 계 種 종 有 유 世 세

界 계 微 미 塵 진 數 수 世 세 界 계 一 일 一 일 世 세 界 계 皆 개

有 유 如 여 來 래 出 출 興 흥 於 어 世 세 一 일 一 일 如 여 來 래

說설 世세 界계 海해 微미 塵진 數수 修수 多다 羅라 一일
一일 修수 多다 羅라 授수 佛불 刹찰 微미 塵진 數수 諸제
菩보 薩살 記기 現현 種종 種종 神신 力력 說설 種종 種종
法법 門문 度도 無무 量량 衆중 生생 善선 男남 子자 彼피
普보 光광 明명 眞진 金금 摩마 尼니 山산 世세 界계 海해
中중 有유 世세 界계 種종 名명 寶보 莊장 嚴엄 幢당 此차
世세 界계 種종 中중 有유 世세 界계 名명 一일 切체 寶보

사경의 공덕은 십만억 부처님께 공양한 것과 같은 공덕이 있습니다.

色普光明以現一切化佛影
색보광명이현일체화불영

摩尼王爲體形如天城以現
마니왕위체형여천성이현

一切如來道場影像摩尼王
일체여래도량영상마니왕

爲其下際住一切寶華海上
위기하제주일체보화해상

淨穢相雜
정예상잡

此世界中有須彌山微塵
차세계중유수미산미진

數四天下有一四天下最處
수사천하유일사천하최처

사경의 공덕은 십만억 부처님께 공양한 것과 같은 공덕이 있습니다.

大臣六萬婇女七百王子基
대신육만채녀칠백왕자기

諸王子皆端正勇健有大威
제왕자개단정용건유대위

力爾時彼王威德普彼閻浮
력이시피왕위덕보피염부

提內無有怨敵時彼世界劫
제내무유원적시피세계겁

欲盡時有五濁起一切人衆
욕진시유오탁기일체인중

壽命短促資財乏少形色鄙
수명단촉자재핍소형색비

陋多苦少樂不修十善專作
루다고소락불수십선전작

사경의 공덕은 십만억 부처님께 공양한 것과 같은 공덕이 있습니다.

惡(악)業(업)更(갱)相(상)忿(분)諍(쟁)互(호)相(상)毁(훼)辱(욕)離(이)
他(타)眷(권)屬(속)妬(투)他(타)榮(영)好(호)任(임)情(정)起(기)見(견)
非(비)法(법)貪(탐)求(구)以(이)是(시)因(인)緣(연)風(풍)雨(우)不(불)
時(시)苗(묘)稼(가)不(부)登(등)園(원)林(림)草(초)樹(수)一(일)切(체)
枯(고)槁(고)人(인)民(민)匱(궤)乏(핍)多(다)諸(제)疾(질)病(병)馳(치)
走(주)四(사)方(방)靡(미)所(소)依(의)怙(호)
咸(함)來(내)共(공)遶(요)王(왕)都(도)大(대)城(성)無(무)量(량)

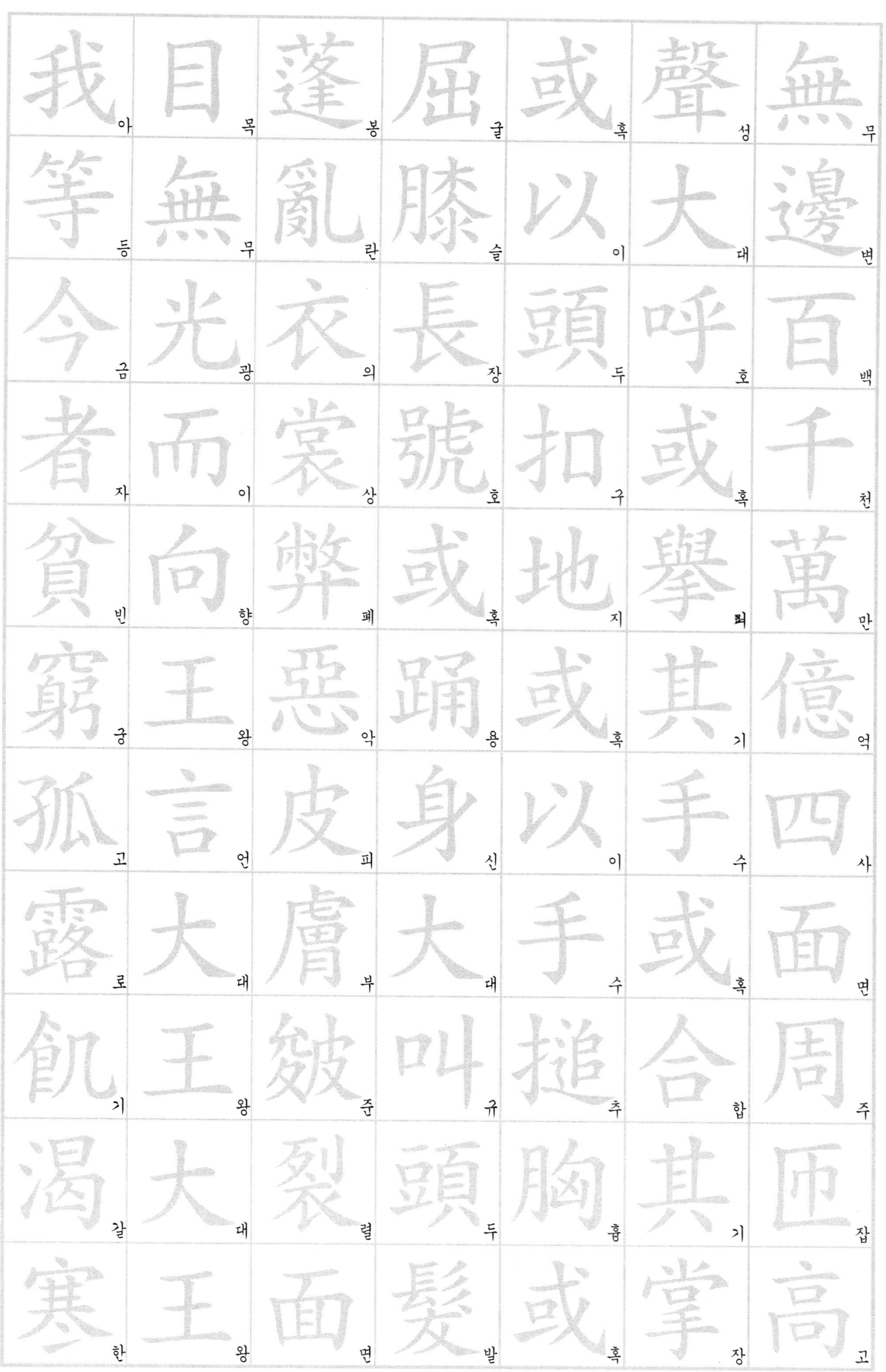
無 무 邊 변 百 백 千 천 萬 만 億 억 四 사 面 면 周 주 匝 잡 高 고
聲 성 大 대 呼 호 或 혹 擧 거 其 기 手 수 或 혹 合 합 其 기 掌 장
或 혹 以 이 頭 두 扣 구 地 지 或 혹 以 이 手 수 搥 추 胸 흉 或 혹
屈 굴 膝 슬 長 장 號 호 或 혹 踊 용 身 신 大 대 叫 규 頭 두 髮 발
蓬 봉 亂 란 衣 의 裳 상 弊 폐 惡 악 皮 피 膚 부 皴 준 裂 렬 面 면
目 목 無 무 光 광 而 이 向 향 王 왕 言 언 大 대 王 왕 大 대 王 왕
我 아 等 등 今 금 者 자 貧 빈 窮 궁 孤 고 露 로 飢 기 渴 갈 寒 한

사경의 공덕은 십만억 부처님께 공양한 것과 같은 공덕이 있습니다.

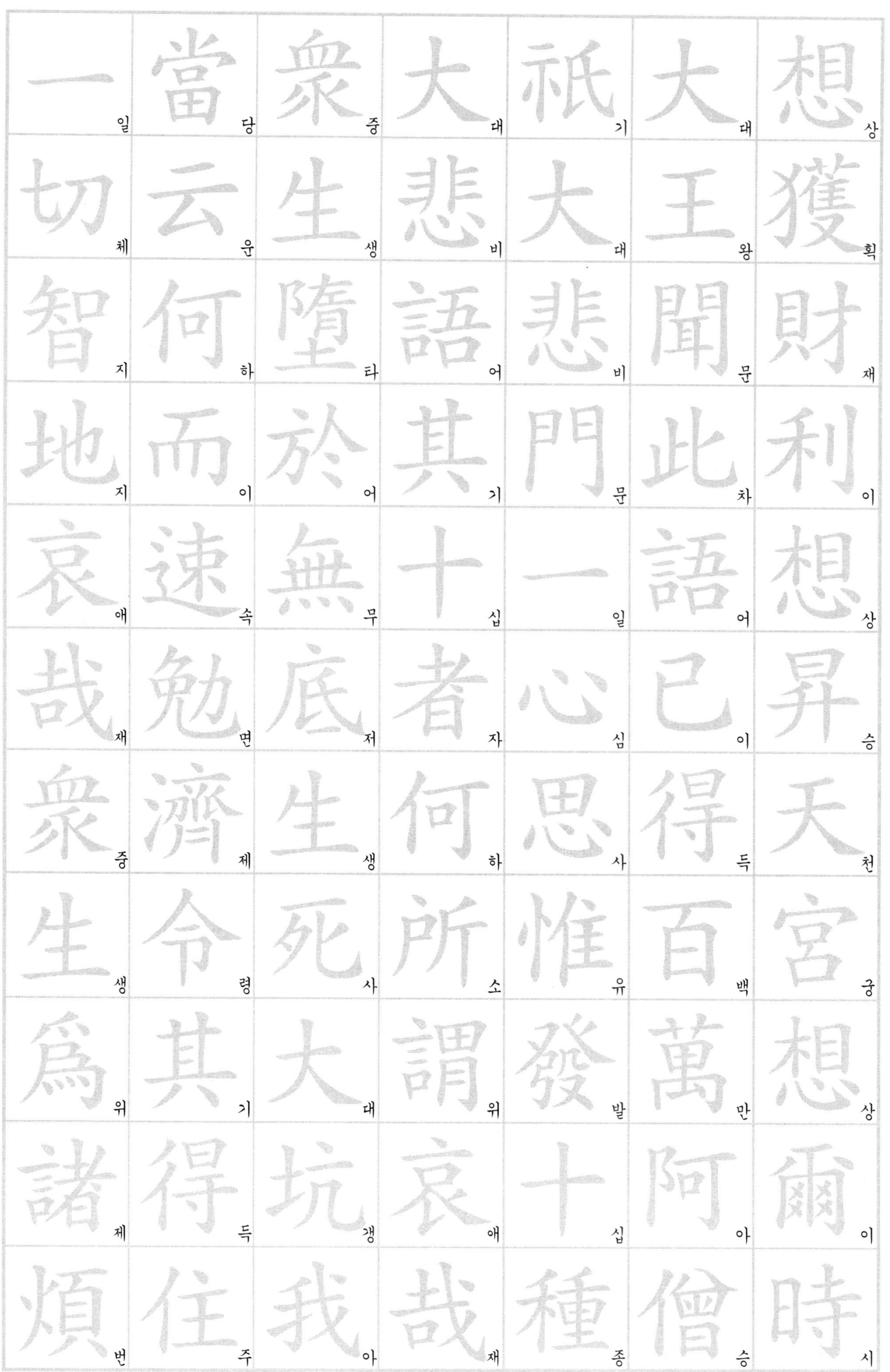
想상 獲획 財재 利이 想상 昇승 天천 宮궁 想상 爾이 時시
大대 王왕 聞문 此차 語어 已이 得득 百백 萬만 阿아 僧승
祇기 大대 悲비 門문 一일 心심 思사 惟유 發발 十십 種종
大대 悲비 語어 其기 十십 者자 何하 所소 謂위 哀애 哉재
衆중 生생 墮타 於어 無무 底저 生생 死사 大대 坑갱 我아
當당 云운 何하 而이 速속 勉면 濟제 令령 其기 得득 住주
一일 切체 智지 地지 哀애 哉재 衆중 生생 爲위 諸제 煩번

爲 위	世 세	得 득	我 아	哉 재	救 구	惱 뇌
祐 우	間 간	身 신	當 당	衆 중	護 호	之 지
助 조	衆 중	心 심	云 운	生 생	令 령	所 소
令 령	怖 포	安 안	何 하	生 생	其 기	逼 핍
其 기	所 소	隱 은	爲 위	老 로	安 안	迫 박
得 득	逼 핍	哀 애	作 작	病 병	住 주	我 아
住 주	我 아	哉 재	歸 귀	死 사	一 일	當 당
一 일	當 당	衆 중	依 의	之 지	切 체	云 운
切 체	云 운	生 생	令 령	所 소	善 선	何 하
智 지	何 하	常 상	其 기	恐 공	業 업	而 이
道 도	而 이	爲 위	永 영	怖 포	哀 애	作 작

慳 간	見 견	我 아	哉 재	方 방	見 견	哀 애
嫉 질	一 일	當 당	衆 중	便 편	疑 의	哉 재
諂 첨	切 체	云 운	生 생	令 령	惑 혹	衆 중
誑 광	智 지	何 하	常 상	其 기	所 소	生 생
所 소	城 성	爲 위	爲 위	得 득	覆 복	無 무
濁 탁	哀 애	作 작	癡 치	決 결	我 아	有 유
我 아	哉 재	明 명	暗 암	疑 의	當 당	智 지
當 당	衆 중	炬 거	之 지	見 견	云 운	眼 안
云 운	生 생	令 령	所 소	翳 예	何 하	常 상
何 하	常 상	其 기	迷 미	膜 막	爲 위	爲 위
而 이	爲 위	照 조	惑 혹	哀 애	作 작	身 신

사경의 공덕은 십만억 부처님께 공양한 것과 같은 공덕이 있습니다.

爲위 開개 曉효 令령 其기 證증 得득 淸청 淨정 法법 身신
哀애 哉재 衆중 生생 長장 時시 漂표 沒몰 生생 死사 大대
海해 我아 當당 云운 何하 而이 普보 運운 度도 令령 其기
得득 上상 菩보 提리 彼피 岸안 哀애 哉재 衆중 生생 諸제
根근 剛강 强강 難난 可가 調조 伏복 我아 當당 云운 何하
而이 爲위 調조 御어 令령 其기 具구 足족 諸제 佛불 神신
力력 哀애 哉재 衆중 生생 猶유 如여 盲맹 瞽고 不불 見견

道(도)路(로)我(아)當(당)云(운)何(하)而(이)爲(위)引(인)導(도)令(령)
其(기)得(득)入(입)一(일)切(체)智(지)門(문)作(작)是(시)語(어)已(이)
擊(격)鼓(고)宣(선)令(령)我(아)今(금)布(포)施(시)一(일)切(체)衆(중)
生(생)隨(수)有(유)所(소)須(수)悉(실)令(령)充(충)足(족)卽(즉)時(시)
須(반)下(하)閻(염)浮(부)提(제)內(내)大(대)小(소)諸(제)城(성)及(급)
諸(제)聚(취)落(락)悉(실)開(개)庫(고)藏(장)出(출)種(종)種(종)物(물)
置(치)四(사)衢(구)道(도)所(소)謂(위)金(금)銀(은)瑠(류)璃(리)摩(마)

衣 의	盛 성	種 종	安 안	明 명	宮 궁	尼 니
輦 연	種 종	寶 보	隱 은	摩 마	殿 전	等 등
輿 여	種 종	器 기	亦 역	尼 니	屋 옥	寶 보
車 거	香 향	盛 성	是 시	寶 보	宅 택	衣 의
乘 승	寶 보	衆 중	一 일	幢 당	牀 상	服 복
幢 당	香 향	雜 잡	切 체	其 기	榻 탑	飮 음
幡 번	器 기	寶 보	病 병	光 광	敷 부	食 식
繒 증	中 중	金 금	緣 연	觸 촉	具 구	華 화
蓋 개	盛 성	剛 강	湯 탕	身 신	建 건	香 향
如 여	種 종	器 기	藥 약	悉 실	大 대	瓔 영
是 시	種 종	中 중	種 종	使 사	光 광	珞 락

一切資生之物悉開庫藏而
일체자생지물실개고장이

以給施亦施一切村營城邑
이급시역시일체촌영성읍

山澤林藪妻子眷屬及以王
산택임수처자권속급이왕

位頭目耳鼻脣舌牙齒手足
위두목이비순설아치수족

皮肉心腎肝肺內外所有悉
피육심신간폐내외소유실

皆能捨其堅固妙寶莊嚴雲
개능사기견고묘보장엄운

燈城東面有門名摩尼山光
등성동면유문명마니산광

量 량	寶 보	燈 등	散 산	棘 극	廣 광	明 명
香 향	樹 수	一 일	衆 중	沙 사	博 박	於 어
網 망	次 차	切 체	寶 보	礫 력	淸 청	其 기
彌 미	第 제	香 향	華 화	一 일	淨 정	門 문
覆 부	行 항	雲 운	熏 훈	切 체	平 평	外 외
其 기	列 렬	充 충	諸 제	皆 개	坦 탄	有 유
上 상	無 무	滿 만	妙 묘	以 이	無 무	施 시
無 무	量 량	虛 허	香 향	妙 묘	諸 제	會 회
量 량	華 화	空 공	然 연	寶 보	坑 갱	處 처
百 백	網 망	無 무	諸 제	所 소	坎 감	其 기
千 천	無 무	量 량	寶 보	成 성	荊 형	地 지

사경의 공덕은 십만억 부처님께 공양한 것과 같은 공덕이 있습니다.

切 체	遶 요	十 십	彼 피	莊 장	音 음	億 억
寶 보	金 금	寶 보	會 회	嚴 엄	如 여	那 나
爲 위	剛 강	欄 난	中 중	悉 실	是 시	由 유
龍 용	寶 보	楯 순	置 치	是 시	一 일	他 타
神 신	輪 륜	百 백	師 사	菩 보	切 체	諸 제
像 상	以 이	種 종	子 자	薩 살	皆 개	音 음
而 이	承 승	寶 보	座 좌	淨 정	以 이	樂 악
共 공	其 기	樹 수	十 십	業 업	妙 묘	器 기
捧 봉	下 하	周 주	寶 보	果 과	寶 보	恒 항
持 지	以 이	匝 잡	爲 위	報 보	而 이	出 출
種 종	一 일	圍 위	地 지	於 어	爲 위	妙 묘

사경의 공덕은 십만억 부처님께 공양한 것과 같은 공덕이 있습니다.

種寶物以爲嚴飾幢幡間列
종보물이위엄식당번간열

衆網覆上無量寶香常出香
중망부상무량보향상출향

雲種種寶衣處處分布百千
운종종보의처처분포백천

種樂恒奏美音復於其上張
종악항주미음부어기상장

施寶蓋常放無量寶焰光明
시보개상방무량보염광명

如閻浮金熾然清淨覆以寶
여염부금치연청정부이보

網垂諸瓔珞摩尼寶帶周迴
망수제영락마니보대주회

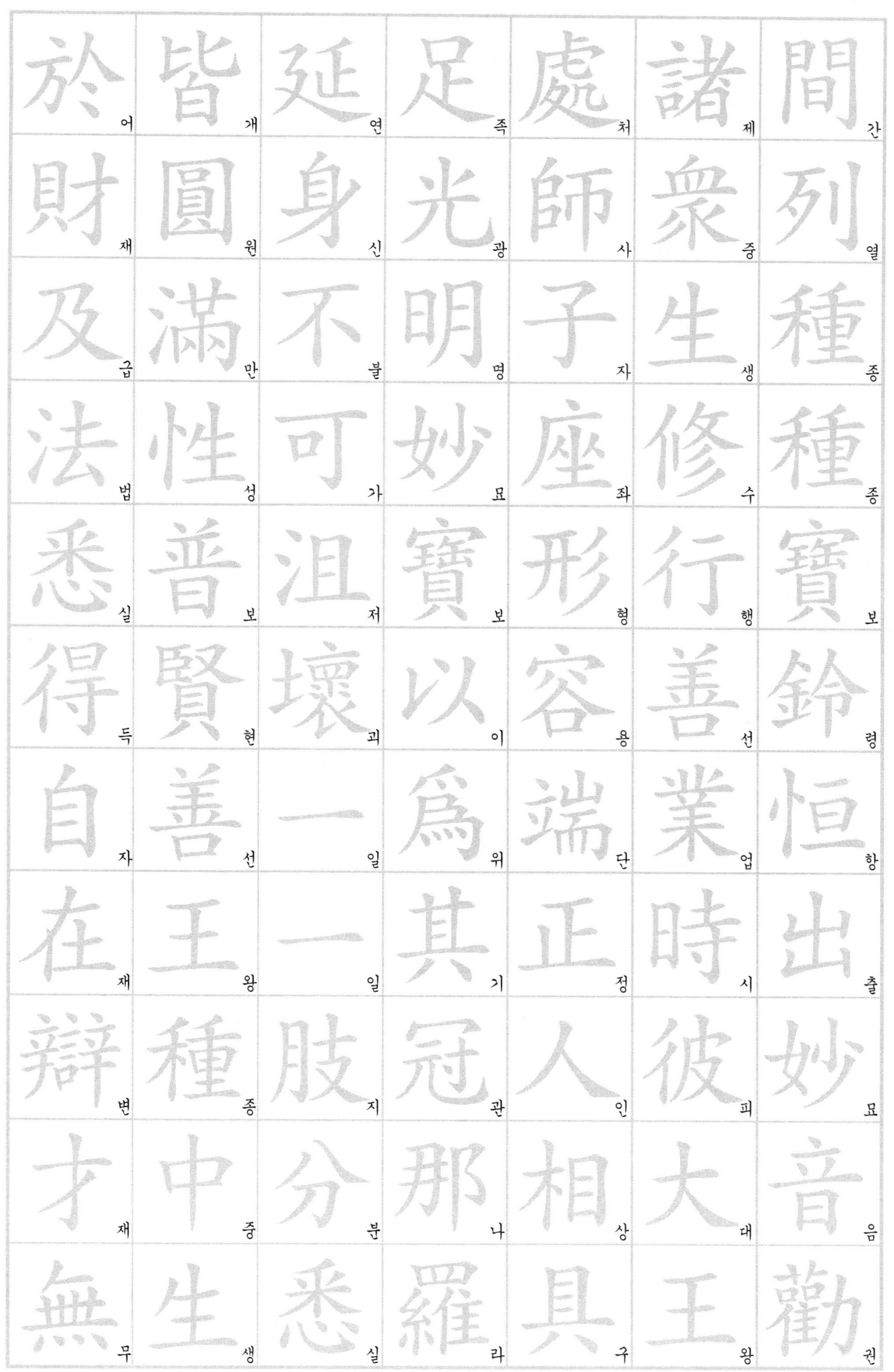

間列種種寶鈴恒出妙音勸
諸衆生修行善業時彼大王
處師子座形容端正人相具
足光明妙寶以爲其冠那羅
延身不可沮壞一一肢分悉
皆圓滿性普賢善王種中生
於財及法悉得自在辯才無

礙智慧明達以政治國無違
애지혜명달이정치국무위

命者
명자

爾時閻浮提無量無數百
이시염부제무량무수백

千萬億那由他衆生種種國
천만억나유타중생종종국

土種種族類種種形貌種種
토종종족류종종형모종종

衣服種種言辭種種欲樂俱
의복종종언사종종욕락구

來此會觀察彼王咸言此王
래차회관찰피왕함언차왕

是大智人是福須彌是功德
시대지인시복수미시공덕
月住菩薩願行廣大施時王
월주보살원행광대시시왕
見彼諸來乞者生悲愍心生
견피제래걸자생비민심생
歡喜心生尊重心生善友心
환희심생존중심생선우심
生廣大心生相續心生精進
생광대심생상속심생정진
心生不退心生捨施心生周
심생불퇴심생사시심생주
徧心善男子爾時彼王見諸
변심선남자이시피왕견제

사경의 공덕은 십만억 부처님께 공양한 것과 같은 공덕이 있습니다.

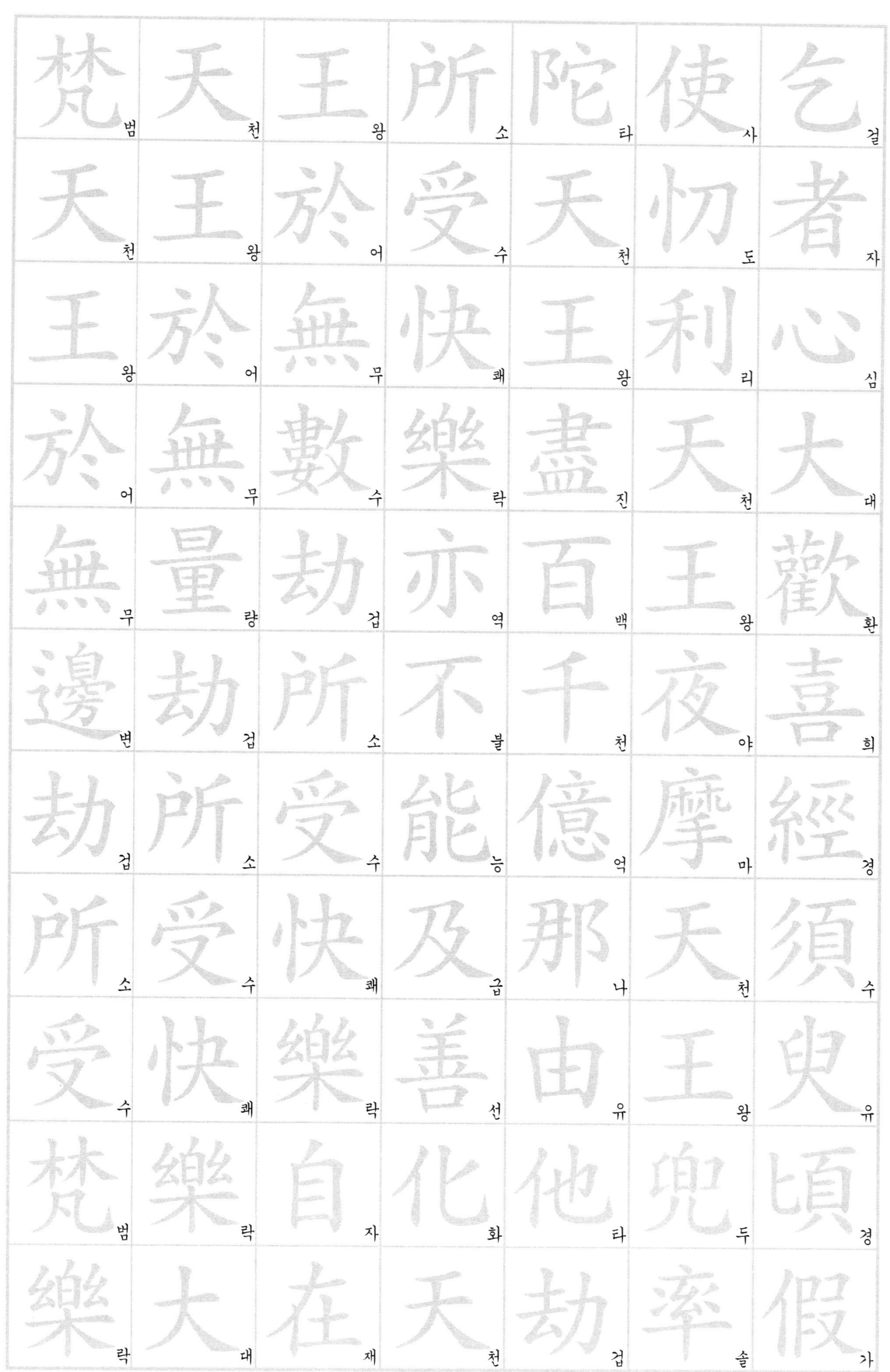

乞者心大歡喜經須臾頃假
使忉利天王夜摩天王兜率
陀天王盡百千億那由他劫
所受快樂亦不能及善化天
王於無數劫所受快樂自在
天王於無量劫所受快樂大
梵天王於無邊劫所受梵樂

光音天王於難思劫所受天 (광음천왕어난사겁소수천)
樂徧淨天王於無盡劫所受 (악변정천왕어무진겁소수)
天樂淨居天王不可說劫住 (천악정거천왕불가설겁주)
寂靜樂悉不能及善男子譬 (적정락실불능급선남자비)
如有人仁慈孝友遭逢世難 (여유인인자효우조봉세난)
父母妻息兄弟姊妹竝皆散 (부모처식형제자매병개산)
失忽於曠野道路之間而相 (실홀어광야도로지간이상)

行 행	圓 원	長 장	因 인	亦 역	彼 피	値 치
求 구	滿 만	諸 제	善 선	復 부	大 대	遇 우
一 일	何 하	根 근	知 지	如 여	王 왕	瞻 첨
切 체	以 이	成 성	識 식	是 시	見 견	奉 봉
智 지	故 고	就 취	於 어	善 선	來 래	撫 무
願 원	此 차	信 신	佛 불	男 남	求 구	對 대
得 득	菩 보	心 심	菩 보	子 자	者 자	情 정
利 이	薩 살	淸 청	提 리	其 기	心 심	無 무
益 익	勤 근	淨 정	解 해	王 왕	生 생	厭 염
一 일	修 수	歡 환	欲 욕	爾 이	歡 환	足 족
切 체	諸 제	喜 희	增 증	時 시	喜 희	時 시

衆生願獲菩提無量妙樂捨
중생원획보리무량묘락사
離一切諸不善心常樂積集
리일체제불선심상락적집
一切善根常願救護一切衆
일체선근상원구호일체중
生常樂觀察薩婆若道常樂
생상락관찰살바야도상락
修行一切智法滿足一切衆
수행일체지법만족일체중
生所願入一切佛功德大海
생소원입일체불공덕대해
破一切魔業惑障山隨順一
파일체마업혹장산수순일

如 여	一 일	切 체	爲 위	切 체	礙 애	切 체
虛 허	切 체	普 보	大 대	法 법	道 도	如 여
空 공	世 세	門 문	丈 장	流 류	已 이	來 래
於 어	間 간	善 선	夫 부	常 상	能 능	教 교
來 래	境 경	藏 장	住 주	現 현	深 심	行 행
乞 걸	界 계	離 이	大 대	在 재	入 입	行 행
者 자	知 지	一 일	人 인	前 전	一 일	一 일
生 생	諸 제	切 체	法 법	大 대	切 체	切 체
一 일	法 법	着 착	積 적	願 원	智 지	智 지
子 자	性 성	不 불	集 집	無 무	流 류	無 무
想 상	猶 유	染 염	一 일	盡 진	一 일	障 장

사경의 공덕은 십만억 부처님께 공양한 것과 같은 공덕이 있습니다.

사경의 공덕은 십만억 부처님께 공양한 것과 같은 공덕이 있습니다.

女 녀	普 보	諸 제	摩 마	苑 원	施 시	香 향
名 명	施 시	眷 권	尼 니	象 상	與 여	華 화
寶 보	衆 중	屬 속	諸 제	馬 마	鬘 만	者 자
光 광	生 생	城 성	珍 진	車 거	蓋 개	施 시
明 명	時 시	邑 읍	寶 보	乘 승	幢 당	與 여
與 여	此 차	聚 취	物 물	牀 상	幡 번	香 향
六 육	會 회	落 락	一 일	座 좌	瓔 영	華 화
十 십	中 중	皆 개	切 체	被 피	珞 락	求 구
童 동	有 유	悉 실	庫 고	褥 욕	宮 궁	鬘 만
女 녀	長 장	如 여	藏 장	金 금	殿 전	蓋 개
俱 구	者 자	是 시	及 급	銀 은	園 원	者 자

善 선	行 행	恭 공	懷 회	梵 범	色 색	端 단
根 근	所 소	敬 경	慚 참	音 음	目 목	正 정
流 유	聞 문	師 사	愧 괴	上 상	髮 발	殊 수
潤 윤	之 지	長 장	正 정	妙 묘	紺 감	妙 묘
其 기	法 법	常 상	念 념	寶 보	青 청	人 인
心 심	憶 억	念 념	不 불	衣 의	身 신	所 소
清 청	持 지	順 순	亂 란	而 이	出 출	喜 희
淨 정	不 불	行 행	具 구	爲 위	妙 묘	見 견
廣 광	忘 망	甚 심	足 족	莊 장	香 향	皮 피
大 대	宿 숙	深 심	威 위	嚴 엄	口 구	膚 부
猶 유	世 세	妙 묘	儀 의	常 상	演 연	金 금

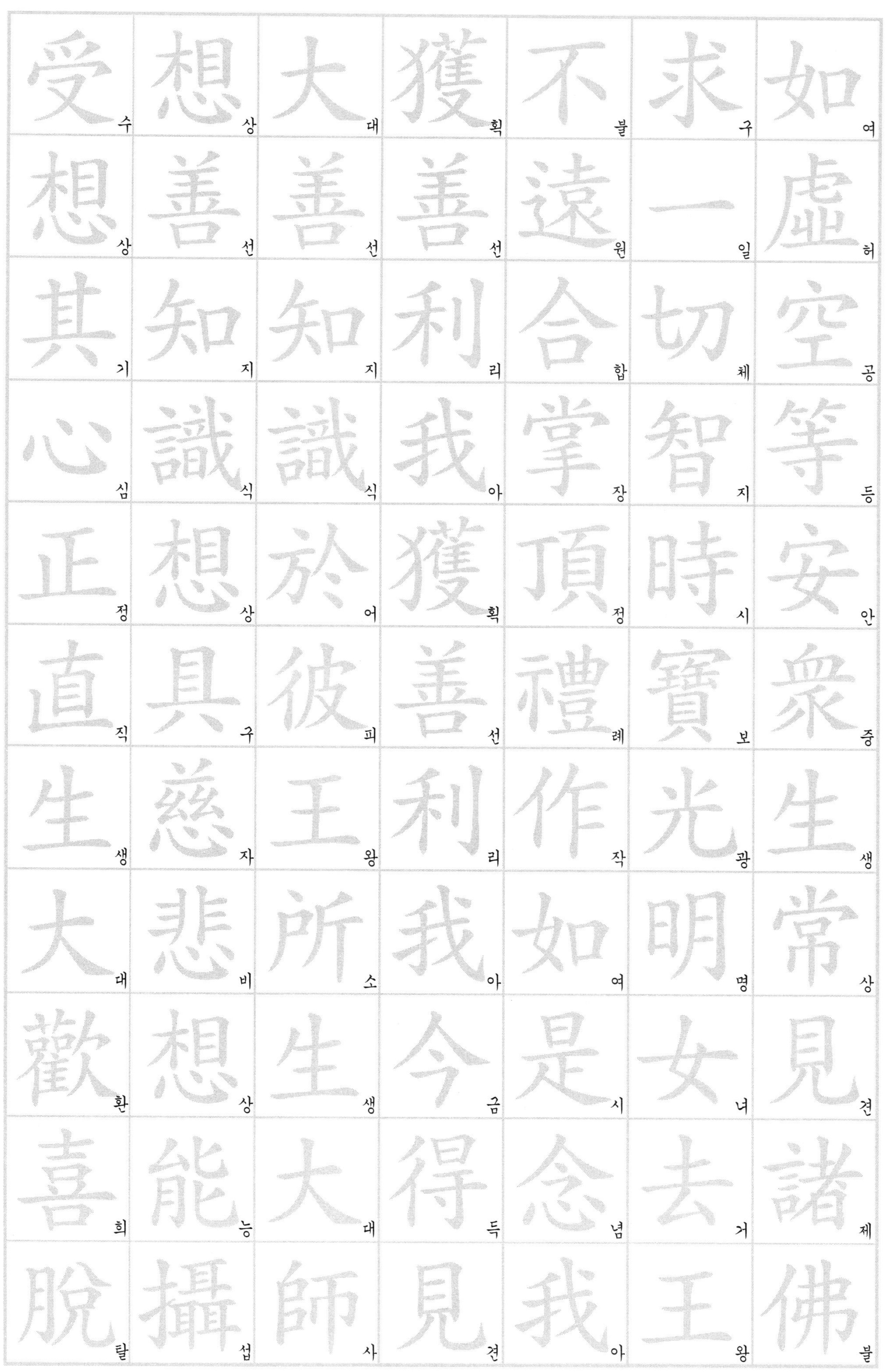

受 수	想 상	大 대	獲 획	不 불	求 구	如 여
想 상	善 선	善 선	善 선	遠 원	一 일	虛 허
其 기	知 지	知 지	利 리	合 합	切 체	空 공
心 심	識 식	識 식	我 아	掌 장	智 지	等 등
正 정	想 상	於 어	獲 획	頂 정	時 시	安 안
直 직	具 구	彼 피	善 선	禮 례	寶 보	衆 중
生 생	慈 자	王 왕	利 리	作 작	光 광	生 생
大 대	悲 비	所 소	我 아	如 여	明 명	常 상
歡 환	想 상	生 생	今 금	是 시	女 녀	見 견
喜 희	能 능	大 대	得 득	念 념	去 거	諸 제
脫 탈	攝 섭	師 사	見 견	我 아	王 왕	佛 불

無 무	相 상	所 소	復 부	衆 중	今 금	身 신
盡 진	所 소	載 재	如 여	生 생	此 차	瓔 영
難 난	有 유	之 지	是 시	作 작	大 대	珞 락
勝 승	財 재	乘 승	如 여	所 소	王 왕	持 지
難 난	産 산	所 소	彼 피	依 의	爲 위	奉 봉
壞 괴	所 소	修 수	大 대	處 처	無 무	彼 피
願 원	攝 섭	之 지	王 왕	願 원	量 량	王 왕
我 아	衆 중	道 도	所 소	我 아	無 무	作 작
未 미	會 회	所 소	知 지	未 미	邊 변	是 시
來 래	無 무	具 구	之 지	來 래	無 무	願 원
悉 실	邊 변	色 색	法 법	亦 역	明 명	言 언

사경의 공덕은 십만억 부처님께 공양한 것과 같은 공덕이 있습니다.

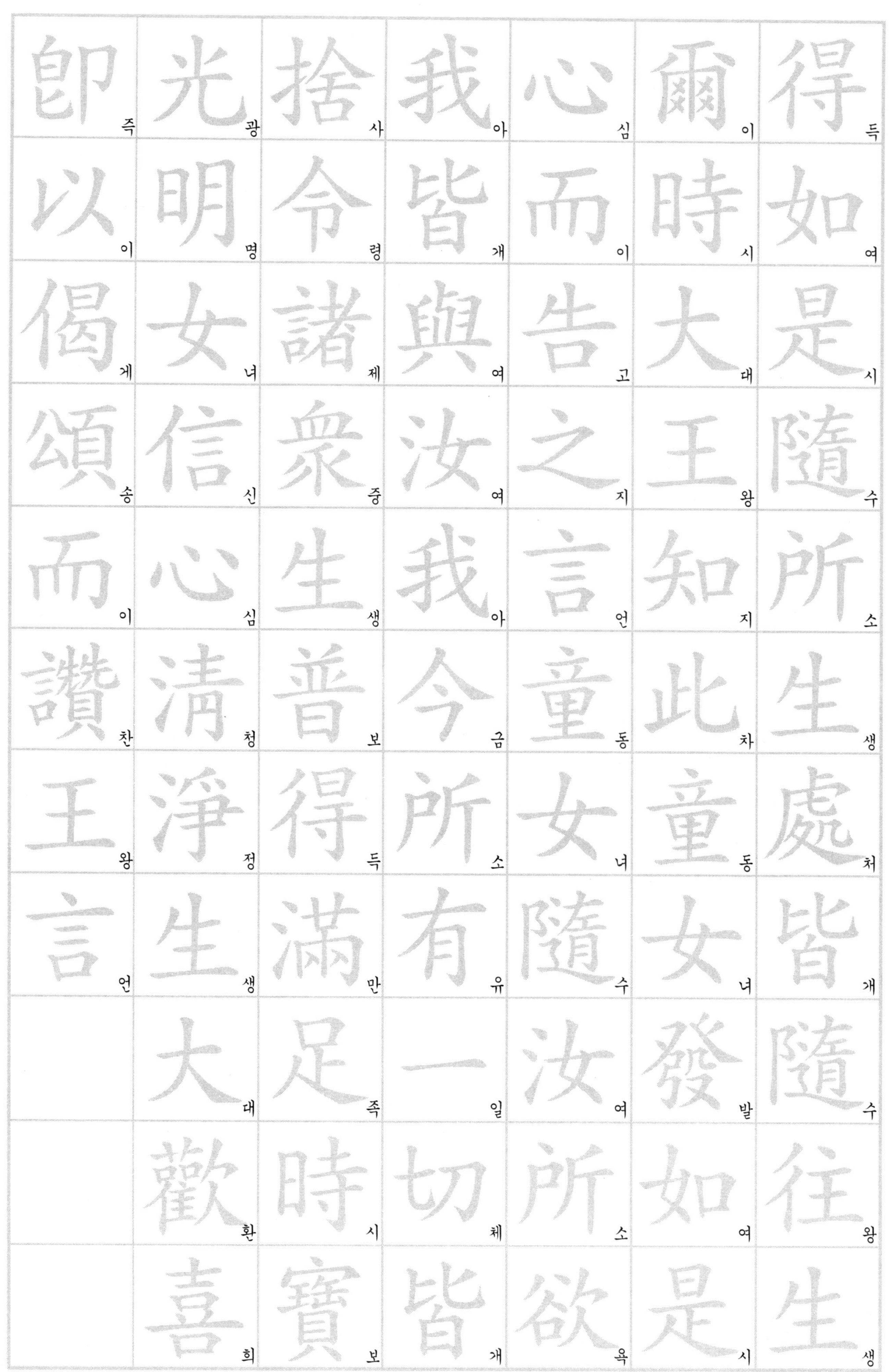
得如是隨所生處皆隨往生
爾時大王知此童女發如是
心而告之言童女隨汝所欲
我皆與汝我今所有一切皆
捨令諸衆生普得滿足時寶
光明女信心淸淨生大歡喜
卽以偈頌而讚王言

사경의 공덕은 십만억 부처님께 공양한 것과 같은 공덕이 있습니다.

住주 於어 顚전 倒도 見견
以이 無무 時시 雨우 故고
草초 木목 皆개 枯고 槁고
大대 王왕 未미 興흥 世세
園원 苑원 多다 骸해 骨골
大대 王왕 昇승 寶보 位위
油유 雲운 被피 八팔 方방

天천 旱한 不불 降강 澤택
百백 穀곡 悉실 不불 生생
泉천 流류 亦역 乾건 竭갈
津진 池지 悉실 枯고 涸학
望망 之지 如여 曠광 野야
廣광 濟제 諸제 群군 生생
普보 雨우 皆개 充충 洽흡

大王臨庶品 (대왕임서품)
刑獄皆止措 (형옥개지조)
往昔諸衆生 (왕석제중생)
飮血而噉肉 (음혈이담육)
往昔諸衆生 (왕석제중생)
以草自遮蔽 (이초자차폐)
大王旣興世 (대왕기흥세)

普斷諸暴虐 (보단제포학)
惸獨悉安隱 (경독실안은)
各各相殘害 (각각상잔해)
今悉起慈心 (금실기자심)
貧窮少衣服 (빈궁소의복)
飢羸如餓鬼 (기리여아귀)
秔米自然生 (갱미자연생)

而 이	今 금	他 타	昔 석	今 금	昔 석	樹 수
心 심	見 견	妻 처	時 시	時 시	日 일	中 중
無 무	他 타	及 급	人 인	並 병	競 경	出 출
染 염	婦 부	童 동	作 작	豊 풍	微 미	妙 묘
着 착	人 인	女 녀	惡 악	足 족	利 리	衣 의
猶 유	端 단	種 종	非 비	如 여	非 비	男 남
如 여	正 정	種 종	分 분	遊 유	法 법	女 녀
知 지	妙 묘	相 상	生 생	帝 제	相 상	皆 개
足 족	嚴 엄	侵 침	貪 탐	釋 석	能 능	嚴 엄
天 천	飾 식	逼 핍	染 염	園 원	奪 탈	飾 식

사경의 공덕은 십만억 부처님께 공양한 것과 같은 공덕이 있습니다.

今 금	合 합	昔 석	其 기	今 금	非 비	昔 석
聞 문	掌 장	日 일	心 심	日 일	法 법	日 일
王 왕	恭 공	諸 제	旣 기	群 군	無 무	諸 제
正 정	敬 경	衆 중	柔 유	生 생	利 이	衆 중
法 법	禮 례	生 생	軟 연	類 류	益 익	生 생
悟 오	牛 우	種 종	發 발	悉 실	諂 첨	妄 망
解 해	羊 양	種 종	語 어	離 리	曲 곡	言 언
除 제	犬 견	行 행	亦 역	諸 제	取 취	不 불
邪 사	豚 돈	邪 사	調 조	惡 악	人 인	眞 진
見 견	類 류	法 법	順 순	言 언	意 의	實 실

사경의 공덕은 십만억 부처님께 공양한 것과 같은 공덕이 있습니다.

了(요)知(지)苦(고)樂(락)報(보)
大(대)王(왕)演(연)妙(묘)音(음)
梵(범)釋(석)音(음)聲(성)等(등)
大(대)王(왕)衆(중)寶(보)蓋(개)
擎(경)以(이)瑠(류)璃(리)幹(간)
金(금)鈴(령)自(자)然(연)出(출)
宣(선)揚(양)微(미)妙(묘)法(법)

悉(실)從(종)因(인)緣(연)起(기)
聞(문)者(자)皆(개)欣(흔)樂(락)
一(일)切(체)無(무)能(능)及(급)
逈(형)處(처)虛(허)空(공)中(중)
覆(부)以(이)摩(마)尼(니)網(망)
如(여)來(래)和(화)雅(아)音(음)
除(제)滅(멸)衆(중)生(생)惑(혹)

次復廣演說 차부광연설
一切諸劫中 일체제겁중
又復次第說 우부차제설
及彼國土中 급피국토중
又出微妙音 우출미묘음
廣說人天等 광설인천등
衆生聽聞已 중생청문이

十方諸佛刹 시방제불찰
如來病眷屬 여래병권속
過去十方刹 과거시방찰
一切諸如來 일체제여래
普徧閻浮界 보변염부계
種種業差別 종종업차별
自知諸業藏 자지제업장

欄 난	於 어	一 일	時 시	五 오	王 왕	離 이
楯 순	其 기	一 일	有 유	濁 탁	父 부	惡 악
等 등	池 지	千 천	廣 광	出 출	淨 정	勸 권
莊 장	岸 안	樹 수	大 대	現 현	光 광	修 수
嚴 엄	上 상	遶 요	園 원	時 시	明 명	行 행

一 일	建 건	各 각	園 원	處 처	王 왕	迴 회
切 체	立 립	各 각	有 유	位 위	母 모	向 향
無 무	千 천	華 화	五 오	治 치	蓮 연	佛 불
不 불	柱 주	彌 미	百 백	天 천	華 화	菩 보
備 비	堂 당	覆 부	池 지	下 하	光 광	提 리

末世惡法起 말세악법기
池流悉乾竭 지류실건갈
王生七日前 왕생칠일전
見者咸心念 견자함심념
爾時於中夜 이시어중야
有一寶華池 유일보화지
五百諸池內 오백제지내

積年不降雨 적년불강우
草樹皆枯槁 초수개고고
先現靈瑞相 선현령서상
救世今當出 구세금당출
大地六種動 대지육종동
光明猶日現 광명유일현
功德水充滿 공덕수충만

사경의 공덕은 십만억 부처님께 공양한 것과 같은 공덕이 있습니다.

枯樹悉生枝(고수실생지)
池水既盈滿(지수기영만)
普及閻浮地(보급염부지)
藥草及諸樹(약초급제수)
枝葉華果實(지엽화과실)
溝坑及堆阜(구갱급퇴부)
如是一切地(여시일체지)

華葉皆榮茂(화엽개영무)
流演一切處(유연일체처)
靡不皆霑洽(미부개점흡)
百穀苗稼等(백곡묘가등)
一切皆繁盛(일체개번성)
種種高下處(종종고하처)
莫不皆平坦(막불개평탄)

사경의 공덕은 십만억 부처님께 공양한 것과 같은 공덕이 있습니다.

池(지)上(상)有(유)法(법)堂(당)
先(선)王(왕)語(어)夫(부)人(인)
中(중)宵(소)地(지)震(진)動(동)
時(시)彼(피)華(화)池(지)內(내)
光(광)如(여)千(천)日(일)照(조)
金(금)剛(강)以(이)爲(위)莖(경)
衆(중)寶(보)爲(위)華(화)葉(엽)
父(부)王(왕)於(어)此(차)住(주)
我(아)念(념)七(칠)夜(야)前(전)
此(차)中(중)有(유)光(광)現(현)
千(천)葉(엽)蓮(연)華(화)出(출)
上(상)徹(철)須(수)彌(미)頂(정)
閻(염)浮(부)金(금)爲(위)臺(대)
妙(묘)香(향)作(작)鬚(수)蘂(예)

一 일	天 천	寶 보	持 지	先 선	相 상	王 왕
切 체	樂 악	藏 장	以 이	王 왕	好 호	生 생
諸 제	奏 주	皆 개	授 수	大 대	以 이	彼 피
衆 중	美 미	涌 용	夫 부	歡 환	莊 장	華 화
生 생	聲 성	出 출	人 인	喜 희	嚴 엄	上 상
皆 개	充 충	寶 보	汝 여	入 입	天 천	端 단
生 생	滿 만	樹 수	子 자	池 지	神 신	身 신
大 대	虛 허	生 생	應 응	常 상	所 소	結 결
歡 환	空 공	妙 묘	欣 흔	撫 무	恭 공	跏 가
喜 희	中 중	衣 의	慶 경	掬 국	敬 경	坐 좌

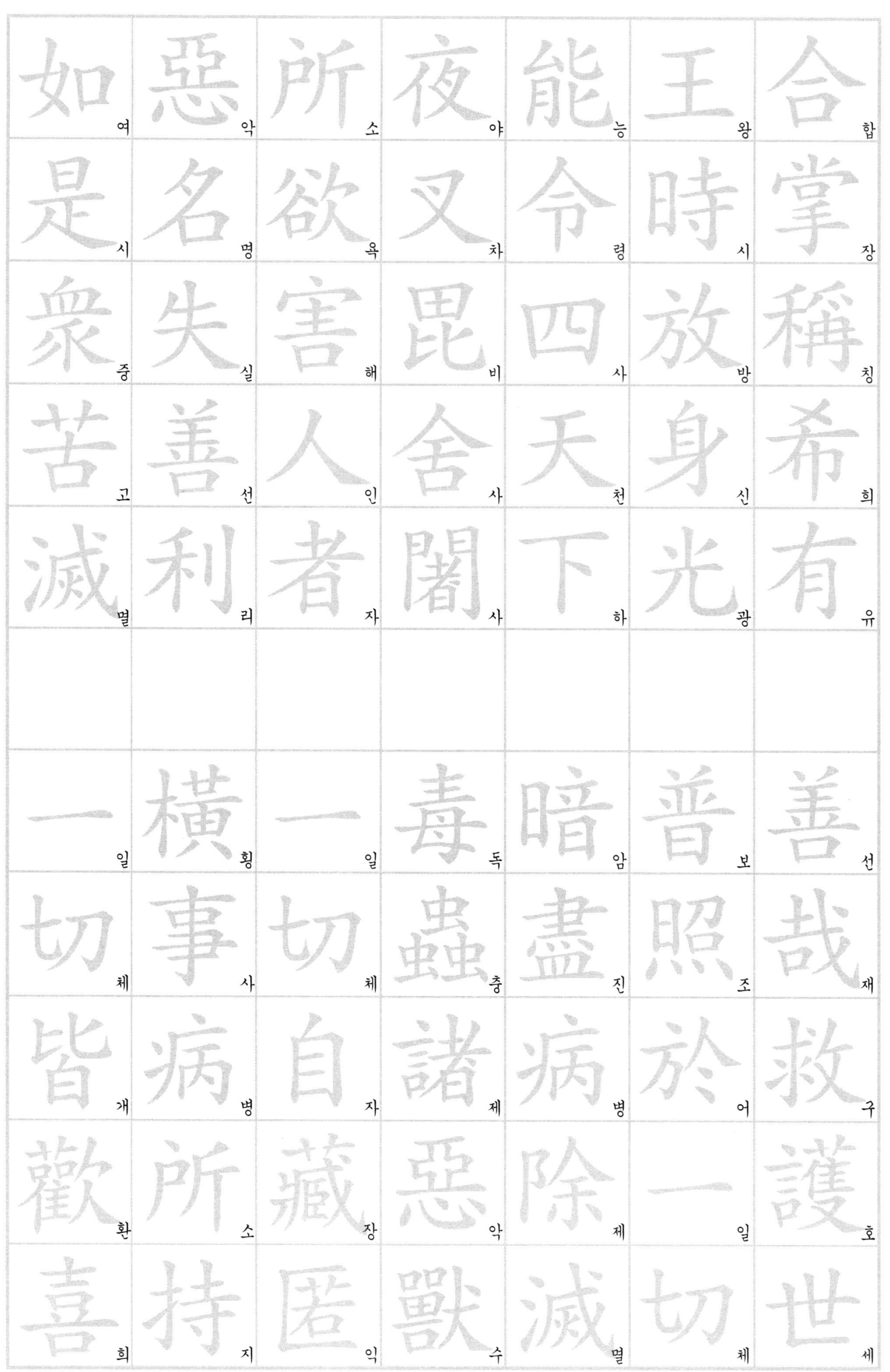

사경의 공덕은 십만억 부처님께 공양한 것과 같은 공덕이 있습니다.

凡是衆生類 (범시중생류)
離惡起慈心 (이악기자심)
關閉諸惡趣 (관폐제악취)
宣揚薩婆若 (선양살바야)
我等見大王 (아등견대왕)
無歸無導者 (무귀무도자)
爾時寶光明 (이시보광명)

相視如父母 (상시여부모)
專求一切智 (전구일체지)
開示人天路 (개시인천로)
度脫諸群生 (도탈제군생)
普獲於善利 (보획어선리)
一切悉安樂 (일체실안락)
童女以偈讚 (동녀이게찬)

歎一切法音圓滿蓋王已遶
탄일체법음원만개왕이요
無量匝合掌頂禮曲躬恭敬
무량잡합장정례곡궁공경
劫住一面時彼大王告童女
겁주일면시피대왕고동녀
言善哉童女汝能信知他人
언선재동녀여능신지타인
功德是爲希有童女一切衆
공덕시위희유동녀일체중
生不能信知他人功德童女
생불능신지타인공덕동녀
一切衆生不知報恩無有智
일체중생부지보은무유지

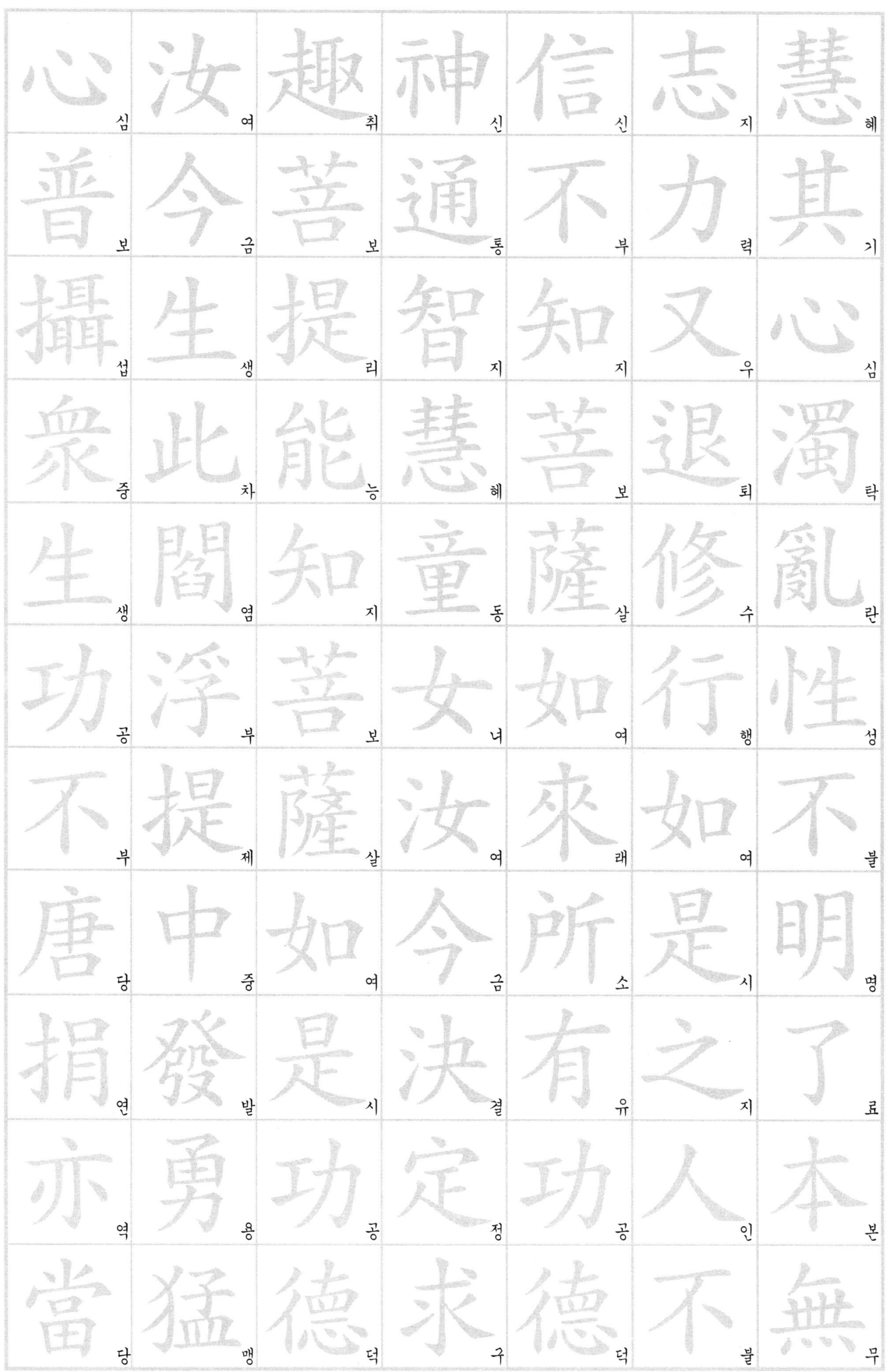

사경의 공덕은 십만억 부처님께 공양한 것과 같은 공덕이 있습니다.

成就如是功德王讚女已以
성취여시공덕왕찬여이이

無價寶衣手自授與寶光童
무가보의수자수여보광동

女并其眷屬一一告言汝着
녀병기권속일일고언여착

此衣時諸童女雙膝着地兩
차의시제동녀쌍슬착지양

手承捧置於頂上然後而着
수승봉치어정상연후이착

旣着衣已右遶於王諸寶衣
기착의이우요어왕제보의

中普出一切星宿光明衆人
중보출일체성수광명중인

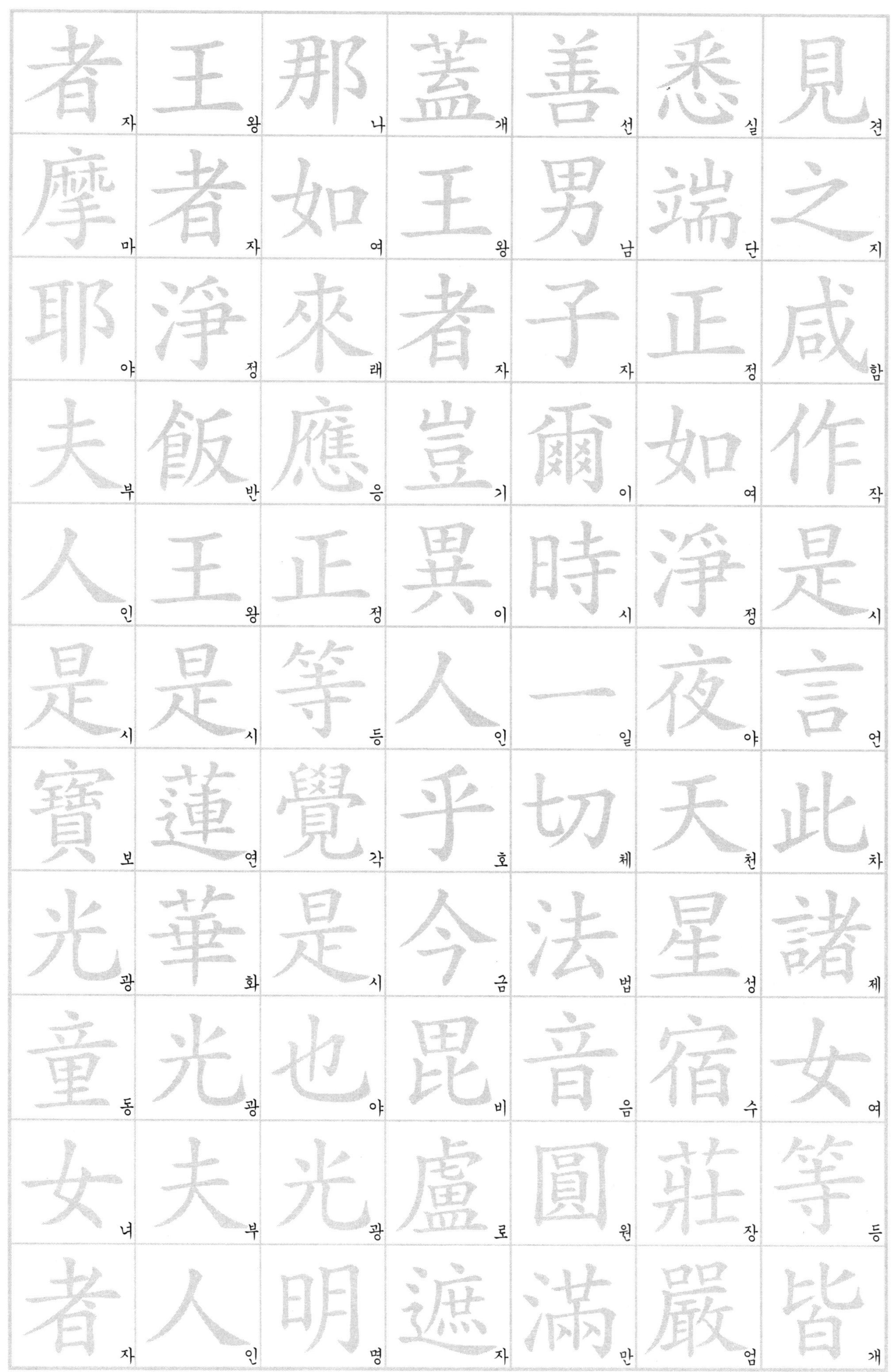

사경의 공덕은 십만억 부처님께 공양한 것과 같은 공덕이 있습니다.

사경의 공덕은 십만억 부처님께 공양한 것과 같은 공덕이 있습니다.

脫(탈)於(어)此(차)會(회)中(중)處(처)於(어)種(종)種(종)妙(묘)法(법)

宮(궁)殿(전)

爾(이)時(시)開(개)敷(부)一(일)切(체)樹(수)華(화)主(주)夜(야)

神(신)爲(위)善(선)財(재)童(동)子(자)欲(욕)重(중)宣(선)此(차)解(해)

脫(탈)義(의)而(이)說(설)頌(송)言(언)

我(아)有(유)廣(광)大(대)眼(안)普(보)見(견)於(어)十(십)方(방)

一(일)切(체)刹(찰)海(해)中(중)五(오)趣(취)輪(륜)迴(회)者(자)

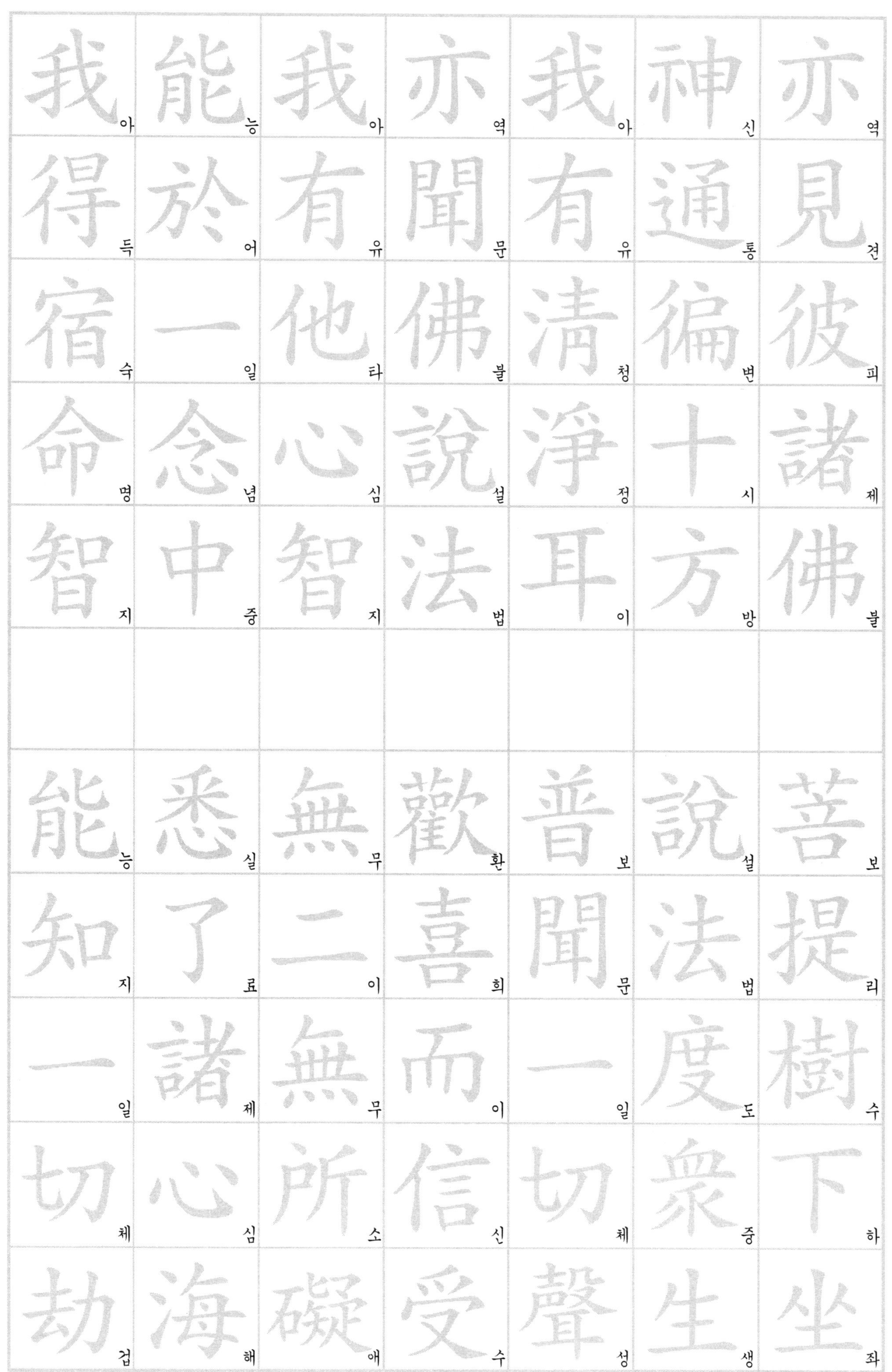

亦見彼諸佛 역견피제불
神通徧十方 신통변시방
我有清淨耳 아유청정이
亦聞佛說法 역문불설법
我有他心智 아유타심지
能於一念中 능어일념중
我得宿命智 아득숙명지
菩提樹下坐 보리수하좌
說法度衆生 설법도중생
普聞一切聲 보문일체성
歡喜而信受 환희이신수
無二無所礙 무이무소애
悉了諸心海 실료제심해
能知一切劫 능지일체겁

사경의 공덕은 십만억 부처님께 공양한 것과 같은 공덕이 있습니다.

亦知彼諸佛
역지피제불

正法住久近
정법주구근

我於無量劫
아어무량겁

我今爲汝說
아금위여설

善男子我唯
선남자아유

生廣大喜光明
생광대희광명

菩薩摩訶薩親
보살마하살친

所有諸乘海
소유제승해

衆生度多少
중생도다소

修習此法門
수습차법문

佛子汝應學
불자여응학

知此菩薩出
지차보살출

解脫門如諸
해탈문여제

近供養一切
근공양일체

諸佛入一切智大願海滿一切諸佛海得勇猛智於一菩薩地普入一切菩薩地海得清淨願於一菩薩行普入一切菩薩行海得自在力於一菩薩解脫門普入一切菩薩解脫門海而我云何能知能

제불입일체지대원해만일체제불해득용맹지어일보살지보입일체보살지해득청정원어일보살행보입일체보살행해득자재력어일보살해탈문보입일체보살해탈문해이아운하능지능

說彼功德行善男子此道場
설피공덕행선남자차도량

中有一夜神名大願精進力
중유일야신명대원정진력

救護一切衆生汝詣彼問菩
구호일체중생여예피문보

薩云何教化衆生令趣阿耨
살운하교화중생령취아녹

多羅三藐三菩提云何嚴淨
다라삼모삼보제운하엄정

一切佛剎云何承事一切如
일체불찰운하승사일체여

來云何修行一切佛法時善
래운하수행일체불법시선

財재童동子자頂정禮례其기足족遶요無무數수匝잡

般은勤근瞻첨仰앙辭사退퇴而이去거

사경의 공덕은 십만억 부처님께 공양한 것과 같은 공덕이 있습니다.

發 願 文

귀의 삼보하옵고

거룩하신 부처님께 발원하옵나이다.

주　소 :

전　화 :　　　　불명 :　　　　성명 :

불기 25　　년　　월　　일